# Ex Libri_

Like poems, we are made of words

Siamo fatti di parole, come le poesie

*Wirton Arvel*

*Now this book belongs to you,*
*but only when you'll read it*
*will it really be yours,*
*and it will belong to you forever.*

Questo libro ora ti appartiene,
ma solo quando lo leggerai
sarà davvero tuo,
e ti apparterrà per sempre.

# The Little Prince
## *Il Piccolo Principe*

Bilingual parallel text - Bilingue con testo a fronte:
English - Italian / Inglese - Italiano

Antoine de Saint-Exupéry

# Publisher's Notes – Note dell'editore

This book/eBook is based on the work of Antoine de Saint-Exupéry "Le Petit Prince".

The text of the tale is complete and unabridged with all original drawings.

Translated by Wirton Arvel.

Editors and proof readers of this edition: Elizabeth Wright, Brunella Pernigotti.

Ex libris is a quote from a poem of the author (from "Wandering Among the Stars").

\*\*\*

Copyright © 2015 Wirton Arvel
wirtonarvel@kentauron.com

Digital Edition January 2015
First Printed Edition December 2015

ISBN-13: 978-1519767264
ISBN-10: 1519767269

10 9 8 7 6 5 4 3 2 1 [180507]

Questo libro/eBook è basato sull'opera di Antoine de Saint-Exupéry "Le Petit Prince".

Il testo del romanzo è completo e inalterato e contiene i disegni originali dell'autore.

Traduzione di Wirton Arvel.

Redattori e correttori di bozze di questa edizione: Elizabeth Wright, Brunella Pernigotti.

L'ex libris contiene un estratto di una poesia dell'autore (da "Vagabondando fra le stelle").

\*\*\*

Copyright © 2015 Wirton Arvel
wirtonarvel@kentauron.com

Edizione digitale Gennaio 2015
Prima edizione cartacea Dicembre 2015

ISBN-13: 978-1519767264
ISBN-10: 1519767269

10 9 8 7 6 5 4 3 2 1 [180507]

# Contents – Indice

Dedication – *Dedica*..................................................................ii

I ................................................................................................2

II................................................................................................5

III ........................................................................................... 11

IV ........................................................................................... 14

V................................................................................................ 19

VI ........................................................................................... 24

VII ........................................................................................... 26

VIII........................................................................................... 31

IX............................................................................................... 37

X............................................................................................... 40

XI ........................................................................................... 46

XII ........................................................................................... 49

XIII........................................................................................... 51

XIV........................................................................................... 55

XV............................................................................................. 59

XVI........................................................................................... 64

XVII ......................................................................................... 66

XVIII......................................................................................... 70

XIX........................................................................................... 71

XX ........................................................................................... 73

XXI........................................................................................... 75

XXII ......................................................................................... 82

XXIII......................................................................................... 84

XXIV......................................................................................... 85

XXV ......................................................................................... 88

XXVI......................................................................................... 92

XXVII ..................................................................................... 100

Postscript – *Postfazione*

    The Colour of Wheat – *Il colore del grano* ......... 103

News and book promotions

    *Novità e libri in promozione*................................. 108

More from Kentauron – *Altri libri Kentauron*........... 109

# Dedication – Dedica

*To Léon Werth*

Children, forgive me for dedicating this book to a grown-up. I have a very good reason for this: this grown-up is my best friend in the whole world. And I have another reason: this grown up can understand anything, even books for children. And I have a third; this grown-up lives in France, where he is cold and hungry. He needs cheering up. And if all these reasons aren't enough, then I'd like to dedicate it to the child this grown-up used to be. All grown-ups started life as children. (But not many of them remember that.) So I correct my dedication:

*To Léon Werth*
*when he was a little boy*

*A Léon Werth*

Chiedo scusa ai bambini per a- ver dedicato questo libro a una persona grande. Ho una scusa seria: questa persona adulta è il miglior amico che ho al mondo. Ho un'altra scusa: questa persona adulta è in grado di capire tutto, anche i libri per bambini. Ho una terza scusa: questa persona adulta vive in Francia dove ha fame e freddo. E ha bisogno di essere consolata. Se tutte queste scuse non sono sufficienti, allora voglio dedicare questo libro al bambino che questo adulto è stato in passato. Tutti i grandi prima sono stati bambini (ma pochi di loro se ne ricordano). Quindi rettifico la mia dedica:

*A Léon Werth*
*quando era un ragazzino*

*Antoine de Saint-Exupéry*

# I

Once when I was six years old I saw a wonderful picture in a book about the ancient forests called True Stories. It was a picture of a boa constrictor swallowing an animal. Here is a copy of the drawing.

Una volta, quando avevo sei anni, vidi una magnifica figura in un libro sulla foresta vergine che si intitolava "Storie vere della Natura". Rappresentava un serpente boa nell'atto di ingoiare un animale. Ecco la copia del disegno.

It said in the book, 'Boa constrictors swallow their prey whole, without chewing it. Then they can't move any more, so they go to sleep for the six months they need to digest it'.

Afterwards I couldn't stop thinking about the adventures in the jungle, and in my turn, I too managed to draw my first picture, with a coloured pencil. My drawing Number 1. It looked like this:

Nel libro c'era scritto: "I serpenti boa ingoiano la loro preda tutta intera, senza masticarla. Dopo di che non sono più in grado di muoversi e dormono durante i sei mesi che impiegano a digerire".

Allora riflettei a lungo sulle avventure della giungla e, a mia volta, riuscii, con una matita colorata, a tracciare il mio primo disegno. Il mio disegno numero uno. Era come questo:

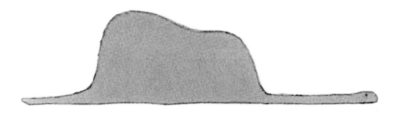

I showed my masterpiece to the grown-ups, and asked them if my drawing frightened them.

They answered, "Why would we be frightened by a hat?"

My drawing was not a picture of a hat. It was a picture of a boa constrictor digesting an elephant. So I drew the inside of the boa constrictor, to make everything clear to the grown-ups. They always need to have things explained to them. My drawing Number 2 came out like this:

Mostrai il mio capolavoro alle persone grandi e domandai loro se il disegno li spaventava.

Loro mi risposero: "Perché un cappello dovrebbe far paura?"

Ma il mio disegno non rappresentava mica un cappello. Rappresentava un serpente boa che digeriva un elefante. Allora disegnai l'interno del serpente boa, affinché le persone grandi potessero comprendere. Loro hanno sempre bisogno di spiegazioni. Il mio disegno numero due era come questo:

The grown-ups' advice was to give up my drawings of boa constrictors, seen from the inside and the outside, and concentrate on history, geography, arithmetic and grammar instead. That was how, at

Gli adulti mi consigliarono di lasciar stare i disegni dei serpenti boa, sia in sezione che interi, e di interessarmi invece alla geografia, alla storia, all'aritmetica e alla grammatica. Fu così che abbandonai, all'età di sei

the age of six, I came to abandon a magnificent career as a painter. I was discouraged by the lack of success of drawing Number 1 and drawing Number 2. Grown-ups can never understand anything on their own, and it's exhausting for children always to have to be explaining things to them...

So I had to choose a different career and I learnt to fly aeroplanes. I flew pretty much all over the world. And, to be fair, the geography helped a lot. I could tell China from Arizona at first sight. And this can be useful, if you get lost at night.

Over the course of my life I've had lots of contacts with lots of serious-minded people. I've spent a lot of time living among grown-ups. I've studied them at very close quarters. That hasn't made me think any better of them.

Whenever I met one who seemed at all sensible, I tried out an experiment. I showed them my drawing number 1, which I had always kept. I wanted to know if they had real understanding. But they always said, "It's a hat." So I never talked to them about boa constrictors, or ancient forests, or stars. I went down to their level. I talked to them about bridge, about golf, about politics and ties. And the grown-up would be very happy to have met such a sensible person...

anni, una magnifica carriera di pittore. Mi ero scoraggiato per l'insuccesso del mio disegno numero uno e del mio disegno numero due. I grandi non capiscono mai niente da soli ed è stancante, per i bambini, dar loro continuamente delle spiegazioni...

Scelsi quindi un'altra professione e imparai a pilotare gli aerei. Ho volato un po' dappertutto per il mondo. E la geografia, è esatto, mi è servita molto. So distinguere, al primo sguardo, la Cina dall'Arizona. Ed è utile, se uno si perde durante la notte.

Ho avuto quindi, nel corso della mia vita, molti contatti con molte persone importanti. Ho vissuto a lungo tra le persone adulte. Le ho viste molto da vicino. Ma ciò non ha migliorato di molto la mia opinione.

Quando ne incontravo una che mi sembrava un po' sveglia, facevo con lei l'esperimento del mio disegno numero uno, che ho sempre conservato. Cercavo di capire se era per davvero una persona intuitiva. Ma mi rispondevano sempre: "È un cappello". Allora non gli parlavo di serpenti boa, di foreste vergini, né di stelle. Mi mettevo al suo livello. Gli parlavo di bridge, di golf, di politica e di cravatte. E la persona adulta era molto contenta di aver conosciuto un uomo così sensibile...

# II

So I lived alone, without anyone I could really talk to, until six years ago, when my plane crashed in the Sahara desert. There was something wrong with the engine. I had no mechanic with me, and no passengers, so I had to try to get a difficult repair job done all on my own. It was a matter of life or death for me. I had barely enough water to last me eight days.

So the first night I fell asleep on the sand, a thousand miles from any inhabited place. I was much more isolated than any shipwrecked sailor on a raft in the middle of the ocean. So you can just imagine my surprise, at daybreak, when a funny little voice woke me up, saying:

— Please … draw me a sheep!

— What?

— Draw me a sheep.

I jumped to my feet as if I'd been struck by lightning. I rubbed my eyes hard. I looked all around me. And I set eyes on a quite extraordinary little gentleman, looking at me solemnly. Here is the best picture of him that I could manage, afterwards.

Così ho vissuto la mia vita da solo, senza qualcuno cui poter parlare veramente, finché non rimasi in panne nel deserto del Sahara, sei anni fa. Si era rotta qualcosa dentro al motore. E siccome non avevo con me né un meccanico, né dei passeggeri, mi accinsi a cercare di fare, da solo, una difficile riparazione. Per me era una questione di vita o di morte. Avevo acqua da bere a malapena per otto giorni.

La prima notte quindi, dormii sulla sabbia, a mille miglia da ogni luogo abitato. Ero molto più isolato di un naufrago su una zattera in mezzo all'oceano. Potete quindi immaginare la mia sorpresa, al levar del giorno, quando una strana vocetta mi svegliò, dicendo:

— Per favore… mi disegni una pecora!

— Eh!

— Disegnami una pecora…

Balzai in piedi come se fossi stato colpito da un fulmine. Mi strofinai bene gli occhi. Guardai meglio. E vidi un tipetto davvero straordinario che mi stava guardando con grande serietà. Ecco potete vedere il miglior ritratto che, in seguito, riuscii a fare di lui.

But my drawing certainly doesn't do justice to the original. This is not my fault. I was put off from my artistic career by the grown-ups, when I was six, and I never learned to draw, except for boa constrictors seen from the inside and the outside.

I stared at this apparition, wide-eyed with astonishment. Don't forget I was a thousand miles from any inhabited place. Yet the little gentleman didn't seem to be either lost, or dying from exhaustion, hunger, thirst, or fear. He didn't seem in the

Ma il mio disegno, di sicuro, è molto meno affascinante del modello. La colpa non è mia, però. Ero stato disincentivato verso la mia carriera di pittore dalle persone adulte, all'età di sei anni, e non ho mai imparato a disegnare, tranne che i serpenti boa interi e i serpenti boa in sezione.

Guardavo quindi questa apparizione con gli occhi spalancati per lo stupore. Non dimenticatevi che mi trovavo a mille miglia da una qualsiasi regione abitata. Eppure il mio ometto non sembrava né essersi smarrito, né era stravolto per la fatica, né moribondo per la fame, né avvizzito

least like a lost child, in the middle of a desert, a thousand miles from any inhabited place. When at last I managed to get a word out, I said:

— But what are you doing there?

So he said it again, very gently, as if it was a very important matter:

— Please… draw me a sheep…

Faced with such an overwhelming mystery, you daren't disobey. Ridiculous as it seemed, a thousand miles from any inhabited place, with my life in danger, I took a pen and a piece of paper out of my pocket. But then I remembered that I had mostly studied geography, history, arithmetic and grammar, and, (a little crossly) I told the little gentleman that I couldn't draw. His reply was:

— That doesn't matter. Draw me a sheep.

As I'd never drawn a sheep, I redrew for him one of the only two drawings that I could do. The one of the boa constrictor from the outside. And I was flabbergasted to hear the little gentleman reply:

— No! No! I don't want some elephant inside a boa constrictor. A boa constrictor is very dangerous, and an elephant very unwieldy. Where I come from, everything is very small. I need a sheep. Draw me a sheep.

So I drew one.

per la sete, né sconvolto per la paura. Non aveva per niente l'aspetto di un bambino che si era smarrito in mezzo al deserto, a mille miglia da qualsiasi regione abitata. Quando alla fine riuscii a parlare, gli dissi:

— Ma che cosa ci fai qui?

E allora mi ripeté, molto lentamente, come si trattasse di una cosa molto importante:

— Per favore, disegnami una pecora…

Quando il mistero è troppo stupefacente, non si osa disubbidire. Per quanto assurdo mi sembrasse, a mille miglia da ogni luogo abitato, e in pericolo di morte, tirai fuori dalla mia tasca un foglio di carta e la penna stilografica. Ma poi mi ricordai che i miei studi si erano concentrati sulla geografia, sulla storia, sull'aritmetica e sulla grammatica e dissi all'ometto (con un po' di malumore) che non sapevo disegnare. E lui mi rispose:

— Non importa. Disegnami una pecora.

Siccome non avevo mai disegnato una pecora, feci, per lui, uno di quei due soli disegni che ero capace di fare: quello del serpente boa intero. E rimasi stupefatto nel sentirmi rispondere dal piccolo uomo:

— No, no! Non voglio un elefante dentro un boa. Un boa è molto pericoloso e un elefante molto ingombrante. Dove vivo io è tutto piccolo. Ho bisogno di una pecora. Disegnami una pecora.

Allora la disegnai:

He studied it carefully, then said:

— No! that one is very sick already. Do me another.

So I did.

La guardò attentamente, e poi disse:

— No! Questa pecora è già molto malata. Fammene un'altra.

La disegnai di nuovo:

My friend smiled at me kindly, indulgently.

— Can't you see ... That's not a

Il mio amico mi sorrise gentilmente, con indulgenza:

— Lo puoi vedere da te... que-

sheep, it's a ram. It's got horns …

So I did my drawing again.

sta non è una pecora, è un ariete. Ha le corna.

Quindi rifeci ancora il mio disegno:

But it was refused, like the ones before it.

— That one's too old. I want a sheep that will live for a long time.

I was running out of patience and looking forward to making a start on taking my engine apart. So I scribbled down this picture here.

Ma venne rifiutato, come i precedenti.

— Questa qui è troppo vecchia. Voglio una pecora che viva a lungo.

Quindi, spazientito, siccome avevo fretta di cominciare a smontare il mio motore, scarabocchiai questo disegno:

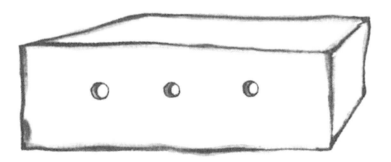

And I threw at him:

E la misi così:

— That's the box. The sheep you want is inside.

I was very surprised to see my young judge's face light up.

— That's just what I wanted! Do you think this sheep will need a lot of grass?

— Why?

— Because where I live everything is very small...

— Surely there'll be enough. I've given you a very small sheep.

He bent over the drawing.

— Not so small that ... Oh! She's gone to sleep ...

And that's how I met the little prince.

— Questa è la cassa. La pecora che volevi è dentro.

E fui molto sorpreso di vedere il viso del mio piccolo giudice illuminarsi:

— Questa è proprio quella che volevo! Pensi che avrà bisogno di molta erba questa pecora?

— Perché?

— Perché dove vivo io è tutto piccolo...

— Sarà certamente sufficiente. Ti ho dato una pecora piuttosto piccola...

Chinò la testa sul disegno:

— Non così piccola che... oh guarda! Si è addormentata...

E fu così che feci la conoscenza del piccolo principe.

# III

It took me a long time to understand where he came from. The little prince, who kept on asking me lots of questions, never seemed to listen to mine. It was from his chance remarks that, little by little, I pieced everything together. So, when he saw my aeroplane for the first time (I won't draw my aero-

Mi ci volle molto tempo per capire da dove venisse. Il piccolo principe, che mi poneva molte domande, sembrava che non sentisse mai le mie. Sono state le parole dette per caso che, poco a poco, mi hanno rivelato tutto. Così, quando vide per la prima volta il mio aereo (non disegnerò il mio aereo, è un disegno

plane, it's much too complicated for me) he asked:

— What's that thing there?

— It's not a thing. It flies. It's an aeroplane. It's my aeroplane.

And I was proud to tell him that I could fly. Then he cried;

— What? You fell from the sky?

— Yes, — I replied, modestly.

— Oh! How funny …

And the little prince broke out into a lovely peal of laughter that really annoyed me. I want people to take my misfortunes seriously. Then he added:

— So you came down from the sky as well! What planet are you from?

At once I saw a glimmer of hope in the mystery of his presence, and I abruptly asked him:

— Do you come from another planet, then?

But there was no reply. He gazed at my aeroplane, gently shaking his head.

— You certainly can't have come from very far away on that …

And he sank into a reverie that lasted a long time. Then he took my drawing of the sheep out of his pocket, and fell to contemplating his treasure.

You can imagine how intrigued I was by this half-confidence about 'other planets'. So I made an effort to find out more about it.

— Where do you come from,

davvero troppo complicato per me), mi domandò:

— Che cos'è questa cosa qui?

— Non è una cosa. Vola. È un aereo. È il mio aereo.

Ero molto fiero di fargli sapere che volavo. Poi lui esclamò:

— Come! Sei caduto dal cielo!

— Sì, — risposi modestamente.

— Ah! Questa è buffa…

E il piccolo principe scoppiò in una bella risata che mi irritò molto. Desidero che le mie disgrazie siano prese sul serio. Poi aggiunse:

— Allora, anche tu vieni dal cielo! Di quale pianeta sei?

Intravidi immediatamente una luce, nel mistero della sua presenza, e lo interrogai bruscamente:

— Tu vieni dunque da un altro pianeta?

Ma non mi rispose. Scosse lentamente la testa mentre osservava il mio aereo.

— Certo che, su quello, tu non puoi venire da molto lontano…

E sprofondò in una riflessione che durò a lungo. Poi, tirando fuori la mia pecora dalla tasca, si immerse nella contemplazione del suo tesoro.

Potete immaginare come io fossi incuriosito da quella mezza confidenza su "gli altri pianeti". Mi sforzai quindi di saperne un po' di più:

— Da dove vieni tu, mio piccolo

my little man? Where is your home? Where do you want to take my sheep to?

After a meditative silence he replied:

— The good thing about the box you gave me is that, at night, she can make it her home.

— Certainly. And if you're good I'll give you rope to tie her up during the day. And a post.

The little prince seemed shocked at this suggestion.

— Tie her up? What a funny idea!

— But if you don't tie her up, she'll wander off somewhere and get lost ...

And my friend burst out laughing again:

— But where do you think she would go?

— Anywhere. Straight ahead of her.

Then the little prince solemnly said:

— That doesn't matter, it's so small where I live.

And he added, perhaps with a faint touch of sadness,

— Straight ahead won't get you very far ...

uomo? Dov'è "dalle tue parti"? Dove vuoi portare la mia pecora?

Mi rispose dopo aver riflettuto in silenzio:

— Quello che c'è di buono, riguardo alla cassetta che mi hai dato, è che, la notte, le servirà da casa.

— Certo. E se sei buono, ti darò pure una corda per legare la pecora durante il giorno. E un paletto.

La mia proposta parve stupire il piccolo principe:

— Legarla? Che buffa idea!

— Ma se non la leghi, andrà chissà dove e si perderà…

Il mio amico scoppiò in una nuova risata:

— Ma dove vuoi che vada!

— Chissà dove. Dritto davanti a sé…

Allora il piccolo principe mi rispose seriamente:

— Non importa, è talmente piccolo, da me!

E, con un po' di malinconia, forse, aggiunse:

— Dritto davanti a sé non può andare molto lontano…

# IV

So I had learnt something else, very important: that the planet he came from was hardly bigger than a house.

But that didn't really surprise me very much. I knew perfectly well that besides the great, big planets like Earth, Jupiter, Mars, Venus and the others that have been given a name there are hundreds of others that are sometimes so tiny that it's very hard to spot them with a telescope. When an astronomer discovers one of these he gives it a number instead of a name. For instance, he might call it 'Asteroid 325'.

E così avevo saputo una seconda cosa molto importante: che il suo pianeta d'origine era poco più grande di una casa!

Questo non poteva stupirmi molto. Sapevo bene che oltre ai grandi pianeti come la Terra, Giove, Marte, Venere, ai quali si è dato un nome, ce ne sono centinaia di altri che sono a volte così piccoli che si arriva solo a malapena a scorgerli col telescopio. Quando un astronomo scopre uno di questi, gli dà per nome un numero. Lo chiama per esempio: "l'asteroide 325".

I have good reasons for thinking that the planet the little prince came from is Asteroid B-612. This asteroid was only spotted through a telescope once, in 1909, by a Turkish astronomer.

Ho serie ragioni per credere che il pianeta da dove veniva il piccolo principe sia l'asteroide B 612. Questo asteroide non è stato visto che una volta al telescopio, nel 1909, da un astronomo turco.

So he made a great presentation of his discovery at an international conference of astronomy. But no one believed him because of his costume. Grown-ups are like that.

Fortunately for asteroid B-612's reputation, a Turkish dictator imposed Western dress on his people, on pain of death. The astronomer repeated his presentation in 1920, wearing a very elegant suit. And this time everyone agreed with him.

Aveva fatto allora una grande dimostrazione della sua scoperta a un congresso internazionale d'astronomia. Ma nessuno lo aveva preso sul serio, a causa del suo costume. Le persone adulte sono fatte così.

Fortunatamente per la reputazione dell'asteroide B 612, un dittatore turco impose al suo popolo, sotto pena di morte, di vestire all'europea. L'astronomo rifece la sua dimostrazione nel 1920, con un abito molto elegante. E questa volta tutti gli credettero.

The reason I've given you these details about Asteroid B-612 and revealed its number is because of grown-ups. Grown-ups love figures. When you tell them about a new friend they never ask you about the things that really matter. They never say: "What does his voice sound like? What are his favourite games? Does he collect butterflies?" They ask: "How old is he? How many brothers does he have? How much does he weigh? What is his father's salary?" Only then do they think they've come to know him. If you say to grown-ups "I've seen a lovely house built of pink bricks, with geraniums at the windows and doves on the roof," they'll never be able to picture that house. You'd have to say: "I've seen a house worth a hundred thousand francs." Then they'd exclaim: "Isn't that lovely!"

Equally, if you tell them: "The proof that the little prince existed is that he was fascinating, that he

Se vi ho raccontato questi dettagli sull'asteroide B 612 e se vi ho rivelato il suo numero, è proprio per le persone adulte. Gli adulti amano le cifre. Quando voi gli parlate di un nuovo amico, non vi chiedono mai le cose essenziali. Non vi domandano mai: "Qual è il tono della sua voce? Quali sono i suoi giochi preferiti? Fa collezione di farfalle?". Vi chiedono: "Quanti anni ha? Ha dei fratelli? Quanto pesa? Quanto guadagna suo padre?" Soltanto allora credono di conoscerlo. Se voi dite alle persone adulte: "Ho visto una bella casa di mattoni rosa, con dei gerani alle finestre e dei colombi sul tetto..." loro non riescono mica a immaginarla questa casa. Bisogna dir loro: "Ho visto una casa da centomila franchi". Allora esclamano: "Com'è bella!".

Così se voi dite loro: "La prova che il piccolo principe è esistito sta nel fatto che era affascinante, che

laughed, that he wanted a sheep. If someone wants a sheep it proves that they exist," they'd shrug their shoulders and treat you like a child! But if you tell them "The planet he came from is Asteroid B-612" they'll be convinced, and leave you in peace from their questions. They're like that. You mustn't blame them. Children have to be very tolerant towards grown-ups.

For sure, those of us who understand about life couldn't care less about numbers! I would have liked to start this story off like a fairy tale. I'd have liked to say:

"Once upon a time, there was a little prince who lived on a planet not much bigger than he was himself, and he wanted a friend …" This would have seemed much more convincing to those who understand about life.

For I don't want my book to be taken lightly. It's taken too much out of me to write these reminiscences. It's now six years since my friend went away with his sheep. If I'm attempting to write about him here, it's so I don't forget. It's sad to forget a friend. Not everyone has had a friend. And I could become like the grown-ups who only care about figures. So that's why I've bought a box of paints and some pencils. It's hard to take up drawing again at my age, when the only other attempts I've made are boa constrictors seen from the inside and the outside, at the age of six! I'm certainly going to try to get the best likenesses possible. But I'm not at

rideva e che voleva una pecora. Quando uno vuole una pecora, questa è la prova che esiste", loro alzeranno le spalle e vi tratteranno come un bambino! Ma se voi gli dite: "Il pianeta da dove veniva è l'asteroide B 612" allora ne saranno convinti e vi lasceranno in pace con le loro domande. Sono fatti così. Non c'è da fargliene una colpa. I bambini devono essere indulgenti con le persone adulte.

Ma, di sicuro, noi che comprendiamo la vita, ce ne infischiamo dei numeri! Mi sarebbe piaciuto cominciare questo racconto come iniziano le fiabe. Mi sarebbe piaciuto dire:

"C'era una volta un piccolo principe che viveva su un pianeta poco più grande di lui e che aveva bisogno di un amico…" Per coloro che comprendono la vita, questo sarebbe stato molto più vero.

Però non mi piace che si legga il mio libro alla leggera. Provo molta sofferenza nel raccontare questi ricordi. Sono già sei anni che il mio amico se ne è andato con la sua pecora. Se io cerco di descriverlo qui è per assicurarmi di non dimenticarlo. È triste dimenticare un amico. E potrei diventare anch'io come i grandi che non s'interessano ad altro che alle cifre. Ed è anche per questo che ho comprato una scatola di colori e matite. È difficile rimettersi a disegnare, alla mia età, quando non si sono mai fatti altri tentativi che quello di un serpente boa intero e quello di un serpente boa in sezione, dall'età di sei anni. Cercherò, certamente, di fare dei ritratti il più somiglianti possibili. Ma non

all sure I'll succeed. One drawing works and another looks nothing like what it is supposed to. I also get his height wrong. The little prince is too tall in one and too short in another. And I'm not sure of the colour of his clothes. So I struggle along one way or another, the best I can. I'm sure to make mistakes over some of the most important details. But you'll have to forgive me for that. My friend never explained anything. Perhaps he thought I was like him. But, personally, I'm afraid I can't see sheep inside boxes. Perhaps I'm a bit like the grown-ups. I've had to grow old.

sono affatto sicuro di riuscirci. Un disegno va bene, e un altro non assomiglia per niente. Mi sbaglio anche un po' sulla dimensione. Qui il piccolo principe è troppo grande. Là è troppo piccolo. Esito anche sul colore del suo vestito. E allora tento in un modo o nell'altro, ora bene ora male. E finirò per sbagliarmi su certi particolari più importanti. Ma questo, bisognerà perdonarmelo. Il mio amico non mi dava mai delle spiegazioni. Credeva forse che fossi sensibile come lui. Ma io, sfortunatamente, non sapevo vedere le pecore attraverso le casse. Può darsi che io sia un po' come i grandi. Devo essere invecchiato.

# V

Every day I learned something about the planet, his departure and his journey. This happened very gradually, from his chance reflections. Thus it was that, on the third day, I learnt about the tragedy of the baobabs.

This time once again I had the sheep to thank, because the little prince suddenly asked me, as if overtaken by a grave doubt:

— It's true, isn't it, that sheep eat shrubs?

— Yes, that's true.

— Ah! I'm so glad.

I had no idea why it was so important that sheep should eat shrubs. But the little prince added:

— So would they also eat baobabs?

I pointed out to the little prince that baobabs aren't shrubs, but trees as tall as churches, and that even if he took with him a whole herd of elephants they would never get through a single baobab.

The idea of the herd of elephants made the little prince laugh.

— We'd have to put them one on top of the other...

Ogni giorno apprendevo qualche cosa sul pianeta, sulla partenza, sul viaggio. Questo avveniva tutto lentamente, per caso, dalle riflessioni. Fu così che, al terzo giorno, conobbi il dramma dei baobab.

Anche questa volta fu grazie alla pecora, perché bruscamente il piccolo principe mi interrogò, come preso da un serio dubbio:

— È proprio vero, non è così, che le pecore mangiano gli arbusti?

— Sì. È vero.

— Ah! Ne sono felice!

Non capii perché era così importante che le pecore mangiassero gli arbusti. Ma il piccolo principe aggiunse:

— Di conseguenza mangiano anche i baobab?

Feci notare al piccolo principe che i baobab non sono degli arbusti, ma degli alberi grandi come chiese e che, se anche avesse portato con sé un'intera mandria di elefanti, questa mandria non sarebbe venuta a capo di un solo baobab.

L'idea della mandria di elefanti fece ridere il piccolo principe:

— Bisognerebbe mettere gli uni su gli altri...

But he made a wise remark.

— Baobabs start off by being little, before they grow big.

— That's true! But why do you want your sheep to eat the little baobabs?

He answered: — Oh, come on! — as if it was obvious. And I needed a supreme mental effort to understand this problem on my own.

As it turned out, on the little prince's planet, as with all the other planets, there were good plants and bad ones. And, as a result, good

Ma osservò saggiamente:

— I baobab, prima di crescere, cominciano con l'essere piccoli.

— È esatto! Ma perché vuoi che le tue pecore mangino i piccoli baobab?

— Beh! È evidente! — mi rispose come se si trattasse di una cosa ovvia. E mi ci volle un grande sforzo d'intelligenza per capire da solo questo problema.

E in effetti, sul pianeta del piccolo principe, c'erano, come su tutti i pianeti, le erbe buone e le erbe cattive. Di conseguenza semi buoni di

seeds from good plants and bad seeds from bad plants. But the seeds are invisible. They lie dormant in the ground, secretly, until one of them has the idea of waking up. Then it stretches up, and, timidly at first, pushes up a lovely little shoot, harmlessly, towards the sun. If it's the shoot of a radish, or a rose, you can leave it to grow however it wants. But if it's a bad plant you have to pull it up as quickly as you can, as soon as you know what it is. Now there were some terrible seeds on the little prince's planet … they were baobab seeds. The soil on the planet was infested with them. Now, if you catch it too late, a baobab is something you will never be able to get rid of again. It clutters up the whole planet. Its roots go right through. And if the planet is too small, and there are too many baobabs, they'll break it all up.

erbe buone e semi cattivi di erbe cattive. Ma i semi sono invisibili. Dormono nel segreto della terra fino a che gli prende la fantasia a uno di loro di risvegliarsi. Allora si stira, e sospinge verso il sole, dapprima timidamente, un incantevole piccolo rametto inoffensivo. Se si tratta di un rametto di ravanello o di rosaio, si può lasciarlo spuntare come vuole. Ma se si tratta di una pianta cattiva, bisogna estirparla immediatamente, appena la si è riconosciuta. C'erano dei terribili semi sul pianeta del piccolo principe... erano i semi dei baobab. Il suolo del pianeta ne era infestato. Ora, un baobab, se lo si prende troppo tardi, non si riesce più a sbarazzarsene. Ingombra tutto il pianeta. Lo perfora con le sue radici. E se il pianeta è troppo piccolo e i baobab sono troppo numerosi, lo fanno scoppiare.

21

"It's a question of discipline", the little prince said to me later. "When you've attended to your own needs in the morning, you've got to attend carefully to the needs of the planet. You've got to make yourself pull up the baobabs regularly the moment you can tell them apart from the roses, they look so much like them when they are very young. It's very tedious work, but not at all difficult."

And one day he told me to work on a beautiful picture, to get it into the heads of the children back home. "It could be very useful to them if they travel one day," he told me. "Sometimes there is no harm in putting off work till later. But if you're talking about baobabs this always means catastrophe. I knew a planet that was inhabited by a lazy man. He neglected three shrubs ..."

And so, I drew that planet as the little prince told me. I hardly like to sound moralistic, but the danger of baobabs is so little known, and the risks they pose to someone who might get lost on an asteroid are so considerable, that I have made an exception for once and not held back. "Children! Look out for the baobabs!" I said. It's so as to warn my friends of the danger they've so narrowly missed for such a long time, without being any more aware of it than I was myself, that I've worked so hard on this picture. The lesson I was teaching them was worth the trouble. Perhaps you are wondering: "Why are none of the other pictures in this book as grand as the picture of the baobabs?" The answer is quite simple: I tried but I

"È una questione di disciplina", mi diceva in seguito il piccolo principe. "Quando si ha finito di lavarsi al mattino, bisogna fare con cura la pulizia del pianeta. Bisogna costringersi regolarmente a strappare i baobab appena li si distinguono dai rosai ai quali assomigliano molto quando sono molto piccoli. È un lavoro molto noioso, ma molto facile."

E un giorno mi consigliò di applicarmi nel fare un bel disegno per far entrare bene questo nella testa dei bambini delle mie parti. "Se un giorno viaggeranno," mi diceva, "questo consiglio gli potrà servire. Qualche volta non crea problemi rimandare a più tardi il proprio lavoro. Ma, se si tratta di baobab, è sempre una catastrofe. Ho conosciuto un pianeta, abitato da un pigro. Aveva trascurato tre arbusti..."

E dalle indicazioni del piccolo principe, ho disegnato quel pianeta. Non mi piace assumere il tono di un moralista. Ma il pericolo dei baobab è così poco conosciuto e i rischi che correrebbero quelli che si smarrissero su un asteroide, così gravi, che una volta tanto ho fatto un'eccezione. E dico: "Bambini! Fate attenzione ai baobab!" E per mettere in guardia i miei amici da un pericolo che hanno sempre sfiorato, compreso me stesso, senza saperlo, ho lavorato molto a questo disegno. L'insegnamento che do giustifica la fatica. Voi mi domanderete forse: perché non ci sono in questo libro altri disegni altrettanto grandiosi come quello dei baobab? La risposta è molto semplice: ci ho provato, ma non ci sono riuscito. Quando ho

couldn't manage it. When I drew the baobabs I was inspired by a sense of urgency.

disegnato i baobab ero animato dalla sensazione che si trattava di un'emergenza.

# VI

Oh! Little prince, bit by bit I began to understand your sad little life. For a long time the only entertainment you had was the beauty of the sunsets. I learnt this new detail on the morning of the fourth day, when you told me:

— I love sunsets so much. Let's go and see the sunset …

— But you have to wait for that …

— Wait? What for?

— Wait for the sun to go down.

At first you seemed very surprised, and then you laughed at yourself. And you said:

— I keep thinking I'm still at home!

Just so. As everyone knows, when it is midday in the United States the sun is setting over France. If you could get over to France in one minute, you could watch the sunset. Unfortunately France is much too far away. But, on your little planet, you only needed to move your chair a few paces. And you could watch the sun set whenever you wanted to...

— One day I saw the sunset forty-four times!

And a bit later you added:

— You know… when you're so

Oh! Piccolo principe, poi ho compreso, poco a poco, la tua piccola vita malinconica. Per molto tempo tu non avevi avuto per distrazione che la dolcezza dei tramonti del sole. Ho appreso questo nuovo particolare, la mattina del quarto giorno, quando mi hai detto:

— Mi piacciono tanto i tramonti del sole. Andiamo a vedere un tramonto del sole…

— Ma bisogna aspettare…

— Aspettare che?

— Aspettare che il sole tramonti.

Dapprima hai avuto un'espressione molto sorpresa e poi hai riso di te stesso. E mi hai detto:

— Mi credo sempre dalle mie parti!

In effetti. Quando è mezzogiorno negli Stati Uniti, il sole, lo sanno tutti, tramonta in Francia. Basterebbe poter andare in Francia in un minuto per assistere al tramonto del sole. Sfortunatamente la Francia è davvero troppo lontana. Ma, sul tuo piccolo pianeta, ti bastava spostare la tua sedia di qualche passo. E guardavi il crepuscolo tutte le volte che lo desideravi…

— Un giorno, ho visto il sole tramontare quarantaquattro volte!

E un po' più tardi hai aggiunto:

— Sai... quando si è tanto tristi

sad, it's lovely to see sunsets …

— The day you saw it forty-four times, were you so very sad?"

But the little prince made no reply.

si amano i tramonti del sole…

— Il giorno delle quarantaquattro volte eri quindi molto triste?

Ma il piccolo principe non rispose.

# VII

On the fifth day, once more thanks to the sheep, the secret of the little prince's life was revealed to me. He said me abruptly, without any preamble, like the fruits of a problem he had been thinking over in silence for a long time:

— A sheep, if it eats shrubs, does it eat flowers too?

— A sheep will eat anything it can find.

— Even flowers with thorns?

— Yes. Even flowers with thorns.

— So what good are the thorns, then?

Il quinto giorno, sempre grazie alla pecora, mi fu svelato questo segreto della vita del piccolo principe. Mi domandò bruscamente, senza preamboli, come il frutto di un problema meditato a lungo in silenzio:

— Una pecora, se mangia gli arbusti, mangia anche i fiori?

— Una pecora mangia tutto quello che trova.

— Anche i fiori che hanno le spine?

— Sì. Anche i fiori che hanno le spine.

— Allora le spine, a che cosa servono?

I had no idea. I was still very busy trying to unscrew a bolt in my

Non lo sapevo. Ero in quel momento molto occupato a cercare di

engine that was too tight. I was being very careful because I was beginning to think that the breakdown of my plane was an extremely serious one, and the dwindling supply of my drinking water was making me fear the worst.

— So what good are the thorns, then?

The little prince never let a question go, once it had been asked. I was bothered by the bolt, and I replied with the first thing that came into my head:

— The thorns are no good at all, it's pure spite on the part of the flowers!

— Oh!

He was silent for a while, then threw at me, resentfully:

— I don't believe you! Flowers are weak. They're naïve. They reassure themselves as best they can. They think their thorns make them frightening ...

I made no reply. At that very moment I was saying to myself "If this bolt still won't budge I'll have to hit it with a hammer." The little prince broke into my reflections once again:

— And you really think, do you, that flowers...

— No! No! I don't think anything! I said the first thing that came into my head. I'm very busy with things that really matter!

He looked at me, dumbfounded.

— Things that really matter!

svitare un bullone troppo stretto del mio motore. Ero molto preoccupato perché il mio incidente cominciava ad apparirmi come molto grave e l'acqua da bere che si consumava mi faceva temere il peggio.

— Le spine, a che cosa servono?

Il piccolo principe non rinunciava mai a una domanda, una volta che l'aveva fatta. Io ero irritato per il mio bullone e risposi un po' a caso:

— Le spine, non servono a niente, è pura cattiveria da parte dei fiori.

— Oh!

Ma dopo una pausa sbottò, con una specie di rancore:

— Non ti credo! I fiori sono fragili. Sono ingenui. Si rassicurano come possono. Si credono terribili con le loro spine...

Non risposi nulla. In quel momento mi dicevo: "Se questo bullone resiste ancora, lo farò saltare con un colpo di martello". Il piccolo principe interruppe di nuovo le mie riflessioni:

— E ci credi, tu, che i fiori...

— Ma no! Ma no! Io non credo niente! Ho risposto una cosa qualsiasi. Mi occupo di cose serie, io!

Mi guardò stupefatto.

— Di cose serie!

He looked at me, hammer in hand, my fingers black with grease, bent over something that seemed very ugly to him.

— You're talking just like a grown-up!

That made me feel a bit ashamed. But he went on merci-lessly:

— You're confusing everything. You're mixing everything up.

He was really very annoyed. He shook his golden curls in the wind.

Mi osservò, con il martello in mano, le dita nere di grasso, chinato su un oggetto che gli sembrava mol-to brutto.

— Parli come i grandi!

Ne ebbi un po' vergogna. Ma, impietosamente, aggiunse:

— Tu confondi tutto... tu mesco-li tutto!

Era veramente molto irritato. Scosse al vento i suoi capelli tutti dorati.

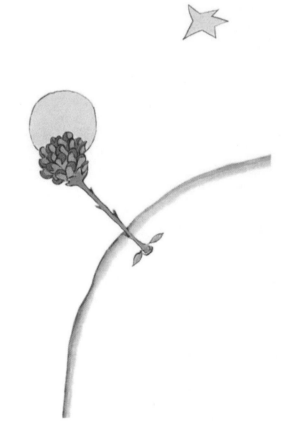

— I know a planet where a red-faced man lives. He's never smelt a flower. He's never gazed at a star. He's never loved anyone. He's never done anything except add things up. And all day he talks like you: "I deal with things that matter! I deal with things that matter!" and it makes him swell up with pride. But he isn't a man, he's a mushroom!

— A what?

— A mushroom!

Meanwhile the little prince had turned white with rage.

— Flowers have been making thorns for millions of years. For millions of years, sheep have been eating them just the same. And it doesn't really matter, to try to understand why they go to so much trouble to make thorns for themselves, if they aren't doing any good? Isn't it important, this war between sheep and flowers? Isn't it a serious matter, and more important than the sums that a fat, red-faced man adds up? And if I, myself, know of a flower unique in all the world, that doesn't exist anywhere except on my planet and a little sheep could annihilate it all at once, one morning, not even knowing what it's doing, that doesn't matter!

He flushed, then went on:

— If someone loves a flower of which only one single example exists among millions and millions of stars, that's enough to make him happy when he looks at them. He says to himself: "My flower is out there somewhere …" But if the sheep eats the flower, then to him

— Io conosco un pianeta dove c'è un signore rubicondo. Non ha mai annusato un fiore. Non ha mai guardato una stella. Non ha mai voluto bene a nessuno. Non fa niente altro che addizioni. E tutto il giorno ripete come te: "Io sono un uomo serio! Io sono un uomo serio!" e si gonfia di orgoglio. Ma non è un uomo, è un fungo!

— Un che?

— Un fungo!

Il piccolo principe nel frattempo era impallidito per la collera.

— È da milioni di anni che i fiori producono le spine. È da milioni di anni che le pecore mangiano lo stesso i fiori. E non è una cosa seria cercare di comprendere perché si danno tanto da fare per fabbricarsi delle spine che non servono a niente? Non è importante la guerra fra le pecore e i fiori? Non è più serio e più importante delle addizioni di un grosso signore paonazzo? E se conosco, io, un fiore unico al mondo, che non esiste da nessuna parte, eccetto che sul mio pianeta e che una piccola pecora può distruggere in un sol colpo, così, un mattino, senza rendersi conto di quello che fa, non è importante questo!

Arrossì, poi riprese:

— Se qualcuno ama un fiore di cui ne esiste un solo esemplare fra milioni e milioni di stelle, questo basta a renderlo felice quando lo guarda. E lui si dice: "il mio fiore è là da qualche parte...". Ma se la pecora mangia il fiore, è come se per lui, tutto a un tratto, tutte le stelle si spe-

it's as if all the stars have suddenly gone out. And that doesn't matter?

He could say no more. Abruptly he burst out sobbing. Night had fallen. I had abandoned my tools. I no longer cared about my hammer, my bolt, being thirsty or dying. On one star, one planet, mine, the Earth, there was a little prince to comfort! I took him in my arms. I cradled him. I said to him: "The flower you love so much isn't in any danger ... I'll draw you a muzzle for your sheep ... I'll draw you a railing to put round your flower ... I ..." I no longer knew what to say to him. I felt very awkward. I didn't know how to reach out to him, to find him again. It is so mysterious, the land of tears!

gnessero! E non è importante questo!

Non poté dire nient'altro. Scoppiò bruscamente in singhiozzi. Era scesa la notte. Avevo abbandonato i miei utensili. Me ne infischiavo del mio martello, del mio bullone, della sete e della morte. C'era su una stella, su un pianeta, il mio, la Terra, un piccolo principe da consolare! Lo presi in braccio. Lo cullai. Gli dicevo: "Il fiore che tu ami non è in pericolo... Le disegnerò una museruola, alla tua pecora... ti disegnerò una corazza per il tuo fiore... Io...". Non sapevo bene che cosa dirgli. Mi sentivo molto maldestro. Non sapevo come raggiungerlo, dove ritrovarlo... È talmente misterioso, il paese delle lacrime!

# VIII

**I** soon learned to get to know this flower better. The flowers on the little prince's planet had always been very simple, graced with just one row of petals, taking up no space at all and not getting in anyone's way. They appeared in the grass one morning, and then by the evening they would fade away. But this one had grown one day from a seed that had arrived from who knows where, and the little prince had kept a very close eye on this shoot that didn't look like the other shoots. It might be a new type of baobab. But the plant soon stopped growing and a flower started to appear. The little prince, who was there when the first huge bud appeared, had a strong feeling that something wonderful would come out of it, but the flower continued to make her beauty preparations in the shelter of her green chamber. She chose her colours carefully. She dressed herself slowly, adjusting her petals one by one. She didn't want to come out looking all crumpled, like a poppy. She wanted to emerge only in the full radiance of her beauty. Ah! Yes. She was very elegant. Her mysterious preparations had lasted for days and days. And then, one morning, just as the sun rose, she suddenly showed herself.

**I**mparai ben presto a conoscere meglio questo fiore. C'erano sempre stati, sul pianeta del piccolo principe, dei fiori molto semplici, ornati di una sola fila di petali, che non tenevano alcun posto e di cui nessuno si preoccupava. Apparivano un mattino nell'erba e poi sparivano la sera. Ma questo era spuntato un giorno, da un seme venuto chissà da dove, e il piccolo principe aveva sorvegliato da molto vicino questo ramoscello che non somigliava a nessun altro ramoscello. Poteva essere una nuova specie di baobab. Ma l'arbusto cessò presto di crescere e cominciò a preparare un fiore. Il piccolo principe, che assisteva alla formazione di un bocciolo enorme, sentiva proprio che ne sarebbe uscita un'apparizione miracolosa, ma il fiore non smetteva più di prepararsi per essere bello, al riparo della sua camera verde. Sceglieva con cura i suoi colori. Si vestiva lentamente, aggiustava i suoi petali uno a uno. Non voleva uscire tutto sgualcito come i papaveri. Non voleva apparire che nel pieno splendore della sua bellezza. Eh! sì. Era molto civettuolo! La sua misteriosa toeletta era durata giorni e giorni. E poi ecco che un mattino, proprio all'ora del levar del sole, si era mostrato.

And this flower, who had spent so much time and trouble over her appearance, yawned and said:

— Oh! I've just woken up ... excuse me ... I still look very rumpled...

But the little prince could not contain his admiration.

— How beautiful you are!

— Aren't I? — the flower replied gently... — And I was born at the same time as the sun...

It wasn't hard for the little prince to see that she wasn't too modest, but how exciting she was.

— I think it's time for breakfast

E lui, che aveva lavorato con tanta precisione, disse sbadigliando:

— Ah! Mi sono appena svegliato... Ti chiedo scusa... sono ancora tutto spettinato...

Il piccolo principe, allora, non poté contenere la sua ammirazione:

— Come sei bello!

— Vero, — rispose dolcemente il fiore. — E sono nato nello stesso istante insieme al sole...

Il piccolo principe intuì che non era molto modesto, ma era così commovente!

— Credo che questa sia l'ora

— she soon added, — If you would be so kind as to give me some consideration …

della colazione, — aggiunse subito, — saresti così gentile da pensare a me…

And the little prince, covered in confusion, went to look for a can and fresh water, and watered the flower.

So she soon began to torment him with her rather dubious vanity. One day, for example, talking about her four thorns, she had said to the little prince:

— Let them come, those tigers with their claws!

E il piccolo principe, tutto confuso, dopo essere andato a cercare un innaffiatoio di acqua fresca, servì il fiore.

Così l'aveva ben presto tormentato con la sua vanità un poco ombrosa. Un giorno, per esempio, parlando delle sue quattro spine, aveva detto al piccolo principe:

— Possono venire le tigri, con i loro artigli!

— There aren't any tigers on my planet, — the little prince objected. — And anyway they don't eat grass.

— I'm not grass, — came the flower's gentle reply.

— Forgive me…

— I'm not in the least afraid of tigers, but I have a horror of draughts. You wouldn't have a screen, would you?

— Non ci sono tigri sul mio pianeta, — aveva obiettato il piccolo principe, — e poi le tigri non mangiano l'erba.

— Io non sono un'erba, — aveva lentamente riposto il fiore.

— Perdonami…

— Non temo affatto le tigri, ma ho il terrore delle correnti d'aria. Non avresti mica un paravento?

— A horror of draughts … that's unlucky for a plant, — remarked the little prince. — This is a very complicated flower.

— You'll have to put me under a glass cloche in the evening. It's very cold on your planet. It wasn't made properly. Where I come from …

But she stopped herself. She had arrived as a seed. She couldn't have known anything about other worlds. Humiliated at being caught out in preparing such a naïve lie, she coughed a few times, to put the little prince in the wrong:

— This screen?

— I was just going to get it, but you were talking to me!

So she forced another cough so the little prince would suffer from remorse all the same.

So the little prince, in spite of all

— Terrore delle correnti d'aria… questo non è una fortuna, per una pianta — aveva osservato il piccolo principe. — Questo fiore è molto complicato…

— Alla sera mettimi sotto a una campana di vetro. Fa molto freddo qui da te. C'è una cattiva esposizione. Da dove vengo io…

Ma si era interrotto. Era venuto sotto forma di seme. Non poteva conoscere nulla degli altri mondi. Umiliato di essersi lasciato sorprendere a dire una bugia così ingenua, aveva tossito due o tre volte, per mettere il piccolo principe dalla parte del torto:

— E questo paravento?…

— Stavo per andare a cercarlo, ma tu mi parlavi!

Allora aveva forzato la sua tosse per fargli venire lo stesso i rimorsi.

Così il piccolo principe, malgra-

his loving good will, soon began to have his doubts about her. He had taken her trivial words seriously, and he became very unhappy.

do tutta la buona volontà del suo amore, aveva rapidamente dubitato di lui. Aveva preso sul serio delle parole senza importanza ed era diventato molto infelice.

— I shouldn't have listened to her, — he confided in me one day. — You should never listen to flowers. You must look at them and smell them. Mine filled my whole planet with perfume, but I couldn't enjoy it. That story of the claws, which upset me so much, should have filled me with tenderness.

He went on to say:

— I couldn't understand anything at all. I should have judged her by deeds, not words. She had a beautiful perfume and lit up my life. I should never have run away from her. I should have guessed at the tenderness beneath her pathetic strategies. Flowers are so inconsistent! But I was too young to know how to love her...

— Non avrei dovuto ascoltarlo, — mi disse un giorno, — non si dovrebbero mai ascoltare i fiori. Dobbiamo guardarli e annusarli. Il mio profumava il mio pianeta, ma non riuscivo a rallegrarmene. Questa storia degli artigli, che mi aveva disturbato tanto, avrebbe dovuto intenerirmi ...

E mi confidò ancora:

— Non ero in grado di capire niente allora! Avrei dovuto giudicare dai fatti e non dalle parole. Mi dava il suo profumo e mi illuminava. Non avrei mai dovuto andarmene! Avrei dovuto intuire il suo affetto dietro i suoi miseri trucchetti. I fiori sono così contraddittori! Ma ero troppo giovane per riuscire ad amarlo.

# IX

I think he benefitted from a migration of wild birds to make his escape.

On the morning of his departure he tidied his whole planet beautifully. He carefully swept out all his active volcanoes. He had two active volcanoes. They were very convenient for warming up his breakfast every morning. He also had an extinct one. But, as he said, "You never know!" So he swept out the extinct one as well. If they have been thoroughly swept, volcanoes burn

Credo che approfittò, per venir via, di una migrazione di uccelli selvatici.

Il mattino della partenza mise bene in ordine il suo pianeta. Spazzò accuratamente il camino dei suoi vulcani in attività. Possedeva due vulcani in attività. E facevano davvero comodo per far scaldare la colazione al mattino. E possedeva anche un vulcano spento. Ma, come diceva lui, "non si sa mai". E così spazzò anche il vulcano spento. Se sono ben puliti, i vulcani bruciano lentamente e regolarmente, senza

gently and steadily, without any eruptions. Volcanic eruptions are like chimney fires. Clearly on our planet we are far too small to sweep out our volcanoes. That's why they cause us so much trouble.

eruzioni. Le eruzioni vulcaniche sono come gli scoppi nei caminetti. È evidente che sulla nostra terra noi siamo parecchio troppo piccoli per poter spazzare i nostri vulcani. È per questo che ci causano tanti guai.

The little prince also, a little wistfully, pulled up the final baobab shoots. He thought he would never have to come back. But that morning, all these familiar labours seemed to have a bittersweet feeling. And, when he watered the flower for the last time, and prepared to place her under her glass cloche, he felt as if

Il piccolo principe sradicò anche, con una certa malinconia, gli ultimi germogli di baobab. Credeva di non dover ritornare mai più. Ma tutti quei lavori abituali gli sembravano, quel mattino lì, estremamente confortanti. E, quando innaffiò per l'ultima volta il suo fiore, e si preparò a metterlo al riparo sotto la sua campana di vetro, scoprì di aver

he wanted to cry.

— Goodbye, — he said to the flower.

But she made no reply.

— Goodbye, — he said again.

The flower coughed. But it wasn't because of her cold.

— I've been silly, — she told him at last. — Forgive me. Try to be happy.

He was surprised that she wasn't reproaching him. He stood still, quite disconcerted, the cloche in his hand. He didn't understand this quiet gentleness.

— Of course I love you, — the flower said to him. — You didn't know, and it's all my fault. That doesn't matter. But you were as silly as I was. Try to find happiness … you can put that cloche down. I don't want it any more.

— But the wind …

— My cold isn't as bad as all that … The cool night air will do me good. I'm a flower.

— But the animals …

— I have to put up with a few caterpillars if I want to get to know the butterflies. It seems they are so beautiful. If they don't come, who will visit me? You will be far away … As for large animals, I'm not in the least afraid of them. I've got my claws.

And, naïvely, she showed her four thorns. Then she added:

— Don't hang about like that, it bothers me. You've decided to leave. Off you go!

Because she didn't want him to see her crying. She was such a proud flower....

voglia di piangere.

— Addio — disse al fiore.

Ma il fiore non rispose.

— Addio — ripeté.

Il fiore tossì. Ma non a causa del suo raffreddore.

— Sono stato uno sciocco — disse alla fine. — Ti chiedo perdono. Cerca di essere felice.

Fu sorpreso dalla mancanza di rimproveri. Rimase fermo, completamente sconcertato, con la campana di vetro per aria. Non capiva quella pacata dolcezza.

— Ma sì, ti voglio bene, — disse il fiore, — e tu non l'hai mai saputo, per colpa mia. Questo non ha alcuna importanza. Ma sei stato sciocco quanto me. Cerca di essere felice... Lascia stare questa campana di vetro. Non la voglio più.

— Ma il vento…

— Non sono così raffreddato che questa.... L'aria fresca della notte mi farà bene. Sono un fiore.

— Ma le bestie…

— Devo pur sopportare due o tre bruchi se voglio conoscere le farfalle. Sembra che siano così belle. Se no chi verrà a farmi visita? Tu, tu sarai lontano. Quanto alle grosse bestie, non ho affatto paura. Ho i miei artigli.

E mostrava ingenuamente le sue quattro spine. Poi aggiunse:

— Non indugiare così, è irritante. Hai deciso di partire. Vattene.

Perché non voleva che io lo vedessi piangere. Era un fiore talmente orgoglioso....

# X

He found himself in the region of Asteroids 325, 326, 327, 328, 329 and 330. So he started by visiting them, to find something to do and to educate himself.

The first one was inhabited by a King. The King, dressed in ermine and purple, sat on a throne that was at once very simple yet majestic.

Si trovava nella regione degli asteroidi 325, 326, 327, 328, 329 e 330. Cominciò quindi a visitarli per cercare un'occupazione e per istruirsi.

Il primo era abitato da un re. Il re, vestito di porpora e d'ermellino, sedeva su un trono molto semplice e allo stesso tempo maestoso.

— Ah! I have a subject! — the King exclaimed, when he noticed the little prince.

And the little prince wondered:

"How can he recognise me when he has never seen me before!"

He didn't know that, for kings, the world is very simple. To them, everyone is their subject.

— Come closer so I can get a better look at you, — said the King, who was extremely proud to have a subject at last.

The little prince looked all over to find a place to sit down, but the planet was entirely filled up by the magnificent ermine robe. So he remained standing, and, since he felt tired, he gave a yawn.

— It's against etiquette to yawn in the presence of a King, — the monarch told him. — I forbid it.

— I can't help it, — replied the little prince, very confused. — I've travelled a long way and I haven't slept …

— All right then, — said the King, — I command you to yawn. I haven't seen anyone yawn for years. A yawn is an interesting and unusual thing for me. Go on! Yawn again. It's an order.

— That puts me off … I can't do it any more. — The little prince blushed as he spoke.

— Hm! Hm! — replied the King. — In that case I … I order you to yawn sometimes and sometimes…

He stuttered a bit and seemed cross.

— Ah! Ecco un suddito! — esclamò il re appena comparve il piccolo principe.

E il piccolo principe si domandò:

"Come può riconoscermi dal momento che non mi ha ancora mai visto!"

Non sapeva che, per i re, il mondo è molto semplificato. Tutti gli uomini sono dei sudditi.

— Avvicinati che ti veda meglio — gli disse il re che era molto fiero di essere finalmente re per qualcuno.

Il piccolo principe cercò con gli occhi dove potersi sedere, ma il pianeta era tutto ingombro dal magnifico manto di ermellino. Allora rimase in piedi, e, siccome era stanco, sbadigliò.

— È contro l'etichetta sbadigliare alla presenza di un re, — gli disse il monarca, — te lo proibisco.

— Non posso farne a meno, — rispose tutto confuso il piccolo principe, — ho fatto un lungo viaggio e non ho dormito…

— Allora, — gli disse il re, — ti ordino di sbadigliare. Non vedo nessuno sbadigliare da anni. Gli sbadigli sono una curiosità per me. Avanti! Sbadiglia ancora. È un ordine.

— Mi avete intimidito… non posso più… — disse il piccolo principe arrossendo.

— Hum! Hum! rispose il re. — Allora io… io ti ordino di sbadigliare e qualche volta di…

Borbottò un po' e sembrò irritato.

For the King absolutely insisted that his authority must be respected. He wouldn't tolerate disobedience. He was an absolute monarch. But, as he was very good-natured, he gave orders that were sensible.

He used to say: — If I ordered a general to change into a sea bird, and the general disobeyed, it wouldn't be the general's fault. It would be mine.

— May I sit down? — the little prince asked, timidly.

— I order you to sit down, — the King replied, majestically taking in a fold of his ermine robe.

But the little prince was puzzled. The planet was tiny. Over whom could the King really reign?

— Sire, — he asked him, — will you excuse me for asking you a question?

The King broke in hastily: — I order you to ask me a question.

— Sire ... what do you reign over?

— Over everything, — replied the King, — very simply.

— Everything?

The King made a sweeping gesture, taking in his planet, the other planets and the stars.

— Over all that? — said the little prince.

— All that, — the King replied.

Because not only was he an absolute monarch, but a universal one.

Perché il re teneva assolutamente a che la sua autorità fosse rispettata. Non tollerava la disubbidienza. Era un monarca assoluto. Ma siccome era molto buono, dava degli ordini ragionevoli.

— Se ordinassi, — diceva abitualmente, — se ordinassi a un generale di trasformarsi in un uccello marino e se il generale non ubbidisse, non sarebbe colpa del generale. Sarebbe colpa mia.

— Posso sedermi? — s'informò timidamente il piccolo principe.

— Ti ordino di sederti — gli rispose il re che ritirò maestosamente una falda del suo mantello di ermellino.

Ma il piccolo principe era attonito. Il pianeta era minuscolo. Su che cosa poteva regnare il re allora?

— Sire, — gli disse... — vi chiedo scusa se vi interrogo…

— Ti ordino di interrogarmi — si affrettò a rispondere il re.

— Sire... su che cosa regnate voi?

— Su tutto — rispose il re con grande naturalezza.

— Su tutto?

Il re con noncuranza indicò il suo pianeta, gli altri pianeti e le stelle.

— Su tutto questo? — disse il piccolo principe.

— Su tutto questo... — rispose il re.

Perché non era solamente un monarca assoluto, ma era un monarca universale.

— And do the stars obey you?

— Of course, — said the King. — They do what I tell them at once. I won't tolerate any disobedience.

The little prince marvelled at such power. If he himself possessed this he could have observed not forty-four, but seventy-two or even a hundred or two hundred sunsets in the same day without even having to move his chair! And as this made him feel a little bit sad, remembering the planet he had left behind, he plucked up courage to ask a favour from the King.

— I'd love to see a sunset ... Please, do me a favour… Order the sun to set.

— If I ordered a general to fly from one flower to another, like a butterfly, or to write a tragic play, or to change into a sea bird, and if the general failed to carry out the order I gave him, who would be in the wrong, him or me?

— It would be you, — said the little prince, firmly.

— Exactly. You must demand from each person what that person can give, — the King replied. — Authority is founded first and foremost upon reason. If you order your people to go and jump into the sea, it would start a revolution. It is because my orders are reasonable that I have the right to expect obedience.

— So what about my sunset? — the little prince reminded him, since he never forgot a question once he had asked it.

— E le stelle vi obbediscono?

— Certamente — gli disse il re. — Mi obbediscono immediatamente. Non tollero l'indisciplina.

Un tale potere meravigliò il piccolo principe. Se l'avesse avuto lui, avrebbe potuto assistere, non a quarantaquattro, ma settantadue, o anche a cento, o pure a duecento tramonti nella stessa giornata, senza dover spostare mai la sua sedia! E siccome si sentiva un po' triste nel ricordare il suo piccolo pianeta abbandonato, si azzardò a sollecitare una grazia al re:

— Vorrei tanto vedere un tramonto del sole… Concedetemi questo favore… Ordinate al sole di tramontare…

— Se ordinassi a un generale di volare da un fiore all'altro come una farfalla, o di scrivere una tragedia, o di trasformarsi in un uccello marino e se il generale non eseguisse l'ordine ricevuto, chi, fra me o lui, avrebbe torto?

— L'avreste voi — disse con fermezza il piccolo principe.

— Esatto. Bisogna esigere da ciascuno quel che ciascuno può dare, — continuò il re, — l'autorità si basa principalmente sulla ragione. Se tu ordini al tuo popolo di andare a gettarsi in mare, farà la rivoluzione. Ho il diritto di esigere l'obbedienza perché i miei ordini sono ragionevoli.

— E allora il mio tramonto del sole? — rammentò il piccolo principe che non si dimenticava mai di una domanda una volta che l'aveva posta.

— You'll get your sunset. I'll insist on it. But, according to my understanding of how to rule, I'll wait until the conditions are favourable.

— When will that be? — enquired the little prince.

— Hm! Hm! — replied the King. First he consulted a big almanac, and then he said — Hm! Hm! This evening it will be at about … about … twenty to eight. Then you'll see how well I am obeyed!

The little prince yawned. He was sad about his missed sunset. And then he started to get a bit bored.

— There's nothing to do here, — he told the King. — I'm going away again!

— Don't go, — answered the King, who was so proud to have a subject. — Don't go, I'll make you a Minister!

— Minister of what?

— Minister of… Justice.

— But there isn't anyone to judge!

— You don't know that, — the King told him. — I haven't made a tour of my kingdom yet. I'm very old, there's no room for a carriage, and walking makes me tired.

— Oh! But I've seen it already, — said the little prince, leaning over to glance again at the other side of the planet. — There's no-one down there, either.

— Well then, you can judge yourself, — the King replied. — That's the most difficult thing of all. It's much more difficult to make a judgment on yourself than on anyone else.

— Il tuo tramonto, lo avrai. Lo esigerò. Ma aspetterò, nella mia sapienza di governo, che le condizioni siano favorevoli.

— E quando lo saranno? — s'informò il piccolo principe.

— Hem! Hem! — gli rispose il re, che in primo luogo consultò un grande calendario, — hem! hem! sarà verso... Verso... Sarà questa sera verso le ore sette e quaranta! E vedrai come verrò strettamente ubbidito.

Il piccolo principe sbadigliò. Rimpiangeva il suo mancato tramonto del sole. E poi iniziava già ad annoiarsi un po'.

— Non ho più niente da fare qui, — disse al re, — sto per ripartire!

— Non partire, — rispose il re che era così fiero di avere un suddito. — Non partire, ti farò ministro!

— Ministro di che?

— Della... della giustizia!

— Ma non c'è nessuno da giudicare!

— Non si sa, — gli disse il re — non ho ancora fatto il giro del mio regno. Sono molto vecchio, non c'è posto per una carrozza, e mi affatico a camminare.

— Oh! Ma ho già visto io, — disse il piccolo principe sporgendosi per dare ancora un'occhiata sull'altra parte del pianeta, — non c'è nessuno neanche lì.

— Allora giudicherai te stesso, — gli rispose il re, — è la cosa più difficile. E molto più difficile giudicare se stessi che giudicare gli altri. Se riesci a giudicarti correttamente,

If you can manage to judge yourself well, you're a truly wise person.

— Yes, — said the little prince, — But I can judge myself anywhere. There's no need to live here.

— Hm! Hm! — said the king. — I think that somewhere on my planet there's an old rat. I hear him at night. You can judge this old rat. Now and again you can sentence him to death. So his life will depend on your justice. But you'd have to pardon him every time. We have to spare him. It's the only one we've got.

— Personally, — answered the little prince, — I don't like death sentences, and I think I'm going to leave.

— No! — cried the King.

The little prince had now finished his travel arrangements, but he didn't want to hurt the King's feelings.

— If His Majesty wants to be obeyed promptly, he could give me a reasonable order. He could, for instance, order me to leave within one minute. I think the conditions are favourable...

The King said nothing, so the little prince hesitated at first, then off he went, with a sigh.

— I make you my ambassador! — the King called after him, hastily.

He had a splendid air of authority.

"Grown-ups are really very odd", said the little prince to himself, as he went on his way.

questo fa di te un vero saggio.

— Me stesso, — disse il piccolo principe, — io posso giudicarmi da qualsiasi parte. Non ho bisogno di abitare qui.

— Hem! hem! — disse il re — credo davvero che sul mio pianeta, da qualche parte, ci sia un vecchio topo. Lo sento durante la notte. Potrai giudicare questo vecchio topo. Lo condannerai a morte di tanto in tanto. Così la sua vita dipenderà dalla tua giustizia. Ma lo grazierai ogni volta per risparmiarlo. Non ce n'è che uno.

— A me, — rispose il piccolo principe, — non piace condannare a morte, e credo proprio che me ne andrò.

— No — disse il re.

Ma il piccolo principe, avendo terminato i suoi preparativi, non voleva dare un dolore al vecchio monarca:

— Se Vostra Maestà desidera essere ubbidito puntualmente, potete darmi un ordine ragionevole. Potreste ordinarmi, per esempio, di partir entro un minuto. Mi pare che le condizioni siano favorevoli...

Il re non rispondeva nulla, il piccolo principe dapprima esitò, poi, con un sospiro, si apprestò a partire...

— Ti nomino mio ambasciatore — si affrettò allora a gridargli il re.

Aveva un'aria di grande autorità.

"Sono ben strani i grandi", si disse il piccolo principe, fra sé, durante il suo viaggio.

# XI

The second planet was inhabited by a conceited man.

— Aha! Here is an admirer about to visit me! — cried the conceited man from far off, as soon as he saw the little prince coming.

Because, to conceited people,

Il secondo pianeta era abitato da un vanitoso.

— Ah! Ah! Ecco la visita di un ammiratore — gridò da lontano il vanitoso appena scorse il piccolo principe.

Poiché, per i vanitosi, tutti gli al-

everyone must be an admirer.

— Good morning, — said the little prince. — You have a funny sort of hat.

— It's a hat for salutes, — the conceited man replied. — It's to raise in a salute when someone applauds me. Unfortunately, no-one ever comes along this way.

— Oh, yes? — said the little prince, who didn't understand.

So the conceited man suggested, — Clap your hands together.

The little prince clapped his hands together. The conceited man saluted him, modestly raising his hat.

"This is more fun than visiting the King", the little prince said to himself. And he started to clap his hands together, all over again. The conceited man started to salute him by raising his hat, all over again.

After five minutes of exercise, the little prince grew tired of this monotonous game.

— And what do you have to do to make the hat come down? — he asked.

But the conceited man didn't understand. Conceited men never listen to anything but words of praise.

— Do you really admire me so much? — he asked the little prince.

— What does 'admire' mean?

— Admire means recognising that I am the most handsome, the best dressed, the richest and the most intelligent man on the planet!

— But you're the only man on your planet!

— Do me this favour. Admire me all the same!

tri uomini sono degli ammiratori.

— Buon giorno, — disse il piccolo principe, — avete un cappello divertente.

— È per salutare — gli rispose il vanitoso. — È per salutare quando mi acclamano. Sfortunatamente non passa mai nessuno di qui.

— Ah sì? — disse il piccolo principe che non capiva.

— Batti le mani l'una contro l'altra — consigliò allora il vanitoso.

Il piccolo principe batté le mani l'una contro l'altra. Il vanitoso salutò con modestia sollevando il suo cappello.

"È più divertente che la visita al re", si disse fra sé il piccolo principe. E ricominciò a battere le mani l'una contro l'altra. Il vanitoso ricominciò a salutare sollevando il suo cappello.

Dopo cinque minuti di questo esercizio il piccolo principe si stancò della monotonia del gioco:

— E, perché il cappello caschi, — domandò, — che cosa bisogna fare?

Ma il vanitoso non lo udì. I vanitosi non sentono altro che le lodi.

— Mi ammiri veramente molto? — domandò al piccolo principe.

— Che cosa vuol dire ammirare?

— Ammirare vuol dire riconoscere che io sono l'uomo più bello, più elegante, più ricco e più intelligente di tutto il pianeta.

— Ma tu sei solo sul tuo pianeta!

— Fammi questo favore. Ammirami lo stesso!

— I admire you, — the little prince said with a slight shrug of his shoulders. — But why is this so important to you?

And the little prince went on his way.

"Grown-ups really are decidedly odd", he said to himself, as he went on his way.

— Ti ammiro, — disse il piccolo principe, — alzando un poco le spalle, — ma cosa potrebbe mai importartene?

E il piccolo principe se ne andò.

"I grandi sono decisamente molto bizzarri", si diceva semplicemente a se stesso durante il suo viaggio.

# XII

The next planet was inhabited by a drinker. This was a very short visit, but it plunged the little prince into a deep depression.

    — What are you doing there? — he asked the drinker, who was sitting in silence before a collection of empty bottles and a collection of full ones.

    — I'm drinking, — the drinker replied, with a lugubrious air.

    — Why are you drinking? — asked the little prince.

    — To forget, — the drinker rep-

Il pianeta successivo era abitato da un ubriacone. Questa visita fu molto breve, ma sprofondò il piccolo principe in una grande malinconia.

    — Che cosa fai? — chiese all'ubriacone che stava in silenzio davanti a una collezione di bottiglie vuote e a una collezione di bottiglie piene.

    — Bevo, — rispose l'ubriacone, con un tono lugubre.

    — Perché bevi? — gli domandò il piccolo principe.

    — Per dimenticare — rispose

lied.

— To forget what? — the little prince enquired. He was already feeling sorry for him.

— To forget how ashamed I am, — confessed the drinker, bowing his head.

— Ashamed of what? — the little prince went on, wanting to help him.

— Ashamed of drinking! — finished the drinker, and enveloped himself in total silence.

And the little prince went on his way, very puzzled.

"Grown-ups are decidedly very, very odd", he said to himself as he went on his way.

l'ubriacone.

— Per dimenticare cosa? — chiese il piccolo principe che già lo compiangeva.

— Per dimenticare che ho vergogna — confessò l'ubriacone abbassando la testa.

— Vergogna di che? — s'informò il piccolo principe che desiderava soccorrerlo.

— Vergogna di bere! — concluse l'ubriacone che si ritirò definitivamente in silenzio.

Il piccolo principe se ne andò, perplesso.

"I grandi sono decisamente molto, molto bizzarri", si disse fra sé durante il viaggio.

# XIII

The fourth planet belonged to a businessman. This man was so busy he didn't even look up when the little prince arrived.

— Good morning, — the little prince said to him. — Your cigarette has gone out.

— Three and two make five. Five and seven, twelve. Twelve and three, fifteen. Good morning. Fifteen and seven, twenty-two. Twenty-two and six, twenty-eight. No time to light up. Twenty-six and five, thirty-one. Phew! That makes five hundred and one million seven hundred and thirty-one.

— Five hundred million what?

— Eh? You still there? Five hundred and one million…. I don't know any more…I've got so much to do! I'm a serious minded man. I can't spend my time on trivialities. Two and five make seven…

Il quarto pianeta era quello di un uomo d'affari. Questo uomo era così occupato che non alzò neppure la testa all'arrivo del piccolo principe.

— Buon giorno — gli disse a costui. — La vostra sigaretta si sta spegnendo.

— Tre più due fa cinque. Cinque più sette dodici. Dodici più tre quindici. Buon giorno. Quindici più sette fa ventidue. Ventidue più sei ventotto. Non ho tempo per riaccenderla. Ventisei più cinque trentuno. Uhf! Dunque fa cinquecento e un milione seicento ventiduemila settecento trentuno.

— Cinquecento milioni di che?

— Hem! Sei sempre lì? Cinquecento e un milione di… non lo so più… Ho talmente da lavorare! Sono un uomo serio, io, io non mi diverto con delle frottole! Due più cinque sette…

— Five hundred million what? — the little prince asked again. Never in his life had he let a question go, once it had been asked.

The businessman looked up.

— In all the fifty-four years that I've lived on this planet I've only been disturbed three times. The first time it happened, twenty-two years ago, was when a cockchafer fell down from God knows where. He made a terrible noise and I made four mistakes in my addition. The second time it happened, eleven years ago, I had an attack of rheumatism. I don't get enough exercise. I haven't the time to go for walks. I'm a serious-minded man. The third time, well this is it! So, as I was saying, five hundred and one million ...

— Millions of what?

The businessman realised that he had no hope of being left in peace.

— Millions of those little things you sometimes see in the sky.

— Flies?

— No, those little shiny things.

— Bees?

— No, those little golden things that good-for-nothings dream about. But I'm a serious-minded man. I haven't the time to daydream.

— Ah! The stars.

— That's it. Stars.

— And what are you doing with five hundred million stars?

— Five hundred and one million, six hundred and twenty-two thousand, seven hundred and thirty-one. Me, I'm serious-minded, I'm precise.

— And what do you do with

— Cinquecento e un milione di che? — ripeté il piccolo principe che mai in vita sua aveva rinunciato a una domanda, una volta che l'aveva posta.

L'uomo d'affari alzò la testa:

— In cinquantaquattro anni che abito su questo pianeta, non sono stato disturbato che tre volte. La prima volta è stato, ventidue anni fa, da un maggiolino che era caduto chissà da dove. Faceva un rumore spaventoso e ho fatto quattro errori in un'addizione. La seconda volta è stato, undici anni fa, per una crisi di reumatismi. Non faccio esercizi. Non ho il tempo di gironzolare. Sono un uomo serio, io. La terza volta... eccola qui! Dicevo dunque cinquecento e un milione...

— Milioni di che?

L'uomo d'affari capì che non c'era speranza di essere lasciato in pace:

— Milioni di quelle piccole cose che si vedono qualche volta nel cielo.

— Di mosche?

— Ma no, di piccole cose che brillano.

— Di api?

— Ma no. Di piccole cose dorate che fanno fantasticare i poltroni. Ma sono un uomo serio, io! Non ho il tempo di fantasticare.

— Ah! Di stelle?

— Proprio di quelle. Di stelle.

— E che ne fai di cinquecento milioni di stelle?

— Cinquecento e un milione seicento ventiduemila settecento trentuno. Sono un uomo serio, io, io sono preciso.

— E che te ne fai di queste stel-

these stars?

— What do I do with them?

— Yes.

— Nothing. They belong to me.

— The stars belong to you?

— Yes.

— But I've already met a King who …

— Kings don't own things. They 'reign' over them. It's quite different.

— And what good does it do you to own the stars?

— The good is that it makes me rich.

— And what good does it do you to be rich?

— I can buy more stars, if anyone finds them.

The little prince said to himself: "This man's reasoning is a bit like my drinker's".

All the same, he asked a few more questions.

— How is possible for someone to own the stars?

— Who do they belong to? — came the businessman's grumpy reply.

— I don't know. They don't belong to anyone.

— So they belong to me, because I thought of it first.

— Is that all?

— Of course. When you find a diamond that doesn't belong to anyone, it's yours. When you find an island that doesn't belong to anyone, it's yours. When you're the first to think of something, you take out a patent on it: it belongs to you. And the stars belong to me, because no-one has ever thought of owning them before.

— That's true, — said the little

le?

— Cosa me ne faccio?

— Sì.

— Niente. Le possiedo.

— Tu possiedi le stelle?

— Sì.

— Ma ho già visto un re che…

— I re non possiedono. Ci "regnano" sopra. È molto diverso.

— E a che ti serve possedere le stelle?

— Mi serve per essere ricco.

— E a che ti serve essere ricco?

— A comprare delle altre stelle, se qualcuno ne trova.

"Questo qui", si disse fra sé il piccolo principe, "ragiona un po' come il mio ubriacone".

Eppure fece ancora delle domande:

— Come si possono possedere le stelle?

— Di chi sono? — rispose, digrignando i denti, l'uomo d'affari.

— Non lo so. Di nessuno.

— Allora sono mie, perché ci ho pensato per il primo.

— E questo basta?

— Certo. Quando trovi un diamante che non è di nessuno, è tuo. Quando trovi un'isola che non è di nessuno, è tua. Quando tu hai un'idea per primo, la fai brevettare, ed è tua. E io possiedo le stelle, perché mai nessuno prima di me si è sognato di possederle.

— Questo è vero, disse il picco-

prince. — And what do you do with them?

— I manage them. I count them, over and over again, — said the businessman. — It isn't easy. But I'm a serious-minded man.

The little prince still wasn't satisfied.

— I've got a scarf, I can put it round my neck and take it away with me. If I owned a flower, I could pick my flower and take it away. But you can't pick the stars.

— No, but I can put them in the bank.

— What does that mean?

— It means that I write down the number of stars I have on a piece of paper. Then I lock that piece of paper up in a drawer.

— And that's all?

— It's enough!

"How funny", thought the little prince. "It's quite poetic. But it doesn't really matter."

The little prince had very different ideas on what mattered from grown-ups.

— Personally, — he said, — I own a flower that I water every day. I own three volcanoes that I sweep out every week. Because I sweep out the extinct one too. You never know. I do some good to my flower and some good to my volcanoes by owning them. But you do no good to the stars …

The businessman opened his mouth but he couldn't find anything to reply, so the little prince went away.

He just said to himself: "Grown-ups really are quite extraordinary!" as he went on his way.

lo principe. E che te ne fai?

— Le amministro. Le conto e le riconto — disse l'uomo d'affari. — È difficile. Ma io sono un uomo serio!

Il piccolo principe non era ancora soddisfatto.

— Io, se possiedo un foulard, posso mettermelo intorno al collo e portarmelo via. Io, se possiedo un fiore, posso cogliere il mio fiore e portarlo via. Ma tu non puoi cogliere le stelle!

— No, ma posso depositarle in banca.

— Che cosa vuol dire?

— Vuol dire che scrivo su un pezzetto di carta il numero delle mie stelle. E poi chiudo a chiave questo pezzetto di carta in un cassetto.

— E nient'altro?

— È sufficiente.

"È divertente" pensò il piccolo principe. "È molto poetico. Ma non è molto serio".

Sulle cose serie il piccolo principe aveva delle idee molto diverse dalle idee dei grandi.

— Io, — disse ancora, — possiedo un fiore che innaffio tutti i giorni. Possiedo tre vulcani che spazzolo tutte le settimane. Perché spazzolo anche quello che è spento. Non si sa mai. È utile ai miei vulcani, ed è utile al mio fiore, che io li possieda. Ma tu non sei utile alle stelle…

L'uomo d'affari aprì la bocca, ma non trovò niente da rispondere e il piccolo principe se ne andò.

"I grandi sono decisamente straordinari a tutti gli effetti", si disse semplicemente fra sé durante il viaggio.

# XIV

The fifth planet was most curious. It was the smallest of all. There was just enough room to put a lamp and a lamplighter. The little prince could not find any explanation of what good a lamp and a lamplighter could do, somewhere up in the sky, on a planet with no houses or people on it. All the same, he said to himself:

"It could well be that this man is ridiculous. Even so, he is not as ridiculous as the King, the conceited man, the businessman or the drinker. At least his work has some point to it. When he lights his lamp, it's as if he's giving birth to another star, or a flower. When he puts his lamp out, he sends the flower or the star to sleep. It's a very lovely occupation. Because it's lovely, it's truly useful."

When he alighted on the planet, he greeted the lamplighter with respect.

— Good morning. Why have you just put out your lamp?

— Those are my orders, — the lamplighter replied. — Good morning.

— What orders?

— To put out my lamp. Good evening.

And he lit it again.

— But why have you just lit it again?

Il quinto pianeta era molto particolare. Era il più piccolo di tutti. C'era proprio solo lo spazio per sistemare un lampione e l'uomo che l'accendeva. Il piccolo principe non riusciva a spiegarsi a cosa potessero servire, da qualche parte nel cielo, su di un pianeta senza case né abitanti, un lampione e un uomo che se ne occupasse. Eppure si disse fra sé:

"Di certo può essere che quest'uomo sia assurdo. Però è meno assurdo del re, del vanitoso, dell'uomo d'affari e dell'ubriacone. Almeno il suo lavoro ha un senso. Quando accende il suo lampione, è come se facesse nascere una stella in più, o un fiore. Quando spegne il suo lampione, si addormenta il fiore o la stella. È una bellissima occupazione. Questa è veramente utile perché è bella."

Quando salì sul pianeta salutò rispettosamente l'uomo:

— Buon giorno. Perché hai appena spento il tuo lampione?

— È la consegna — rispose il lampionaio. — Buon giorno.

— Che cos'è la consegna?

— È di spegnere il mio lampione. Buona sera.

E lo riaccese.

— Ma adesso perché lo hai appena riacceso?

— Those are my orders, — replied the lamplighter.

— I don't understand, — said the little prince.

— There's nothing to understand, — said the lamplighter. — Orders are orders. Good morning.

— È la consegna — rispose il lampionaio.

— Non capisco — disse il piccolo principe.

— Non c'è nulla da capire, — disse il lampionaio, — la consegna è la consegna. Buon giorno.

And he put out his lamp.

Then he mopped his forehead with a red check handkerchief.

— I have a terrible job. It used

E spense il suo lampione.

Poi si asciugò la fronte con un fazzoletto a quadretti rossi.

— Faccio un mestiere terribile.

to be all right. I put them out in the morning and lit them in the evening. I had the rest of the day to relax and the rest of the night to sleep …

— And have the orders changed since then?

— The orders haven't changed, — said the lamplighter. — That's the real tragedy! Year on year the planet has been turning more quickly, and the orders are still the same!

— So? — said the little prince.

— So now it turns round once a minute, I don't have a moment's rest. I have to light the lamp and put it out once every minute.

— That's funny! Your days only last a minute!

— It's not funny at all, — said the lamplighter. — A month has gone by already since we've been talking to each other.

— A month?

— Yes. Thirty minutes. Thirty days! Goodnight.

And he lit up his lamp again.

The little prince watched him and he loved this lamplighter who was so faithful to his orders. He remembered the sunsets that he himself used to gaze at, moving his chair. He wanted to help his friend.

— You know … I've thought of a way you can rest whenever you want to …

— I want to all the time, — said

Una volta era ragionevole. Spegnevo al mattino e accendevo alla sera. Avevo il resto del giorno per riposarmi e il resto della notte per dormire…

— E, dopo di allora, è cambiata la consegna?

— La consegna non è cambiata, — disse il lampionaio, — è proprio questo qui il dramma. Il pianeta di anno in anno ha girato sempre più in fretta e la consegna non è stata cambiata!

— Quindi? — disse il piccolo principe.

— Quindi adesso che fa un giro al minuto, non ho più un secondo di riposo. Accendo e spengo una volta al minuto!

— È divertente! I giorni da te durano un minuto!

— Non è affatto divertente, — disse l'uomo, — è passato già un mese da quando stiamo parlando.

— Un mese?

— Sì. Trenta minuti. Trenta giorni! Buona sera.

E riaccese il suo lampione.

Il piccolo principe lo guardò e si innamorò di questo lampionaio che era così fedele alla consegna. Si ricordò dei tramonti del sole che lui stesso un tempo andava a cercare, spostando la sua sedia. E volle aiutare il suo amico:

— Sai… conosco un modo che ti consente di riposarti quando vuoi…

— Vorrei sempre — disse

the lamplighter.

Because it is possible to be both faithful and lazy at the same time.

The little prince went on:

— Your planet is so small that you can go around it in three strides. You only have to walk quite slowly to stay in the sun all the time. When you want to rest, you can walk, and the day will last as long as you want it to.

— That doesn't get me very far, — said the lamplighter. — The one thing I like to do in life is sleep.

— That's bad luck, — said the little prince.

— It's bad luck, — agreed the lamplighter. — Good morning.

And he put out his lamp.

"That one", said the little prince to himself as he went on his way, "would be despised by all the others, by the King, the conceited man, the drinker, the businessman. All the same, he's the only one that I don't find ridiculous. Perhaps that's because he thinks of something other than himself."

He heaved a sigh of regret, and said to himself again:

"That man is the only one I could have made friends with. But his planet really is too small. It has no room on it for two people ..."

What the little prince didn't dare admit to himself was how sad he was to leave this planet, and, above all, the one thousand four hundred and forty sunsets every twenty-four hours!

l'uomo.

Perché si può essere, nel contempo, fedeli e pigri.

E il piccolo principe proseguì:

— Il tuo pianeta è così piccolo che ne puoi fare il giro in tre passi. Non hai che da camminare abbastanza lentamente per rimanere sempre al sole. Quando vorrai riposarti camminerai... e il giorno durerà tanto quanto tu vorrai.

— Non mi serve un granché, — disse il lampionaio, — ciò che desidero nella vita, è dormire.

— Non hai fortuna — disse il piccolo principe.

— Non ho fortuna — disse il lampionaio. — Buon giorno.

E spense il suo lampione.

"Questo qui", si disse il piccolo principe, mentre proseguiva oltre il suo viaggio, "questo qui sarebbe disprezzato da tutti gli altri, dal re, dal vanitoso, dall'ubriacone, dall'uomo d'affari. Eppure è il solo che non mi sembri ridicolo. Forse perché si occupa di altro che non di se stesso".

Ebbe un sospiro di rammarico e si disse ancora:

"Questo qui è il solo che avrei potuto farmi amico. Ma il suo pianeta è davvero troppo piccolo, non c'è spazio per due..."

Quello che il piccolo principe non osava confessare, era che di questo pianeta benedetto rimpiangeva, soprattutto, i suoi millequattrocentoquaranta tramonti del sole ogni ventiquattro ore!

# XV

The sixth planet was a planet that was ten times greater. It was inhabited by an elderly gentleman, who wrote huge books.

— Oh, look! Here comes an explorer! — he exclaimed, as soon as he saw the little prince.

The little prince sat on the table, rather out of breath. He'd been travelling such a long way by now!

— Where did you spring from? — enquired the elderly gentleman.

— What's that great, big book? — said the little prince. — What do

Il sesto pianeta era un pianeta dieci volte più grande. Era abitato da un vecchio signore che scriveva degli enormi libri.

— Toh! Ecco un esploratore! — esclamò, quando scorse il piccolo principe.

Il piccolo principe si sedette sul tavolo ansimando un poco. Aveva già viaggiato tanto!

— Da dove vieni? — gli domandò il vecchio signore.

— Cos'è questo grande libro? — disse il piccolo principe. — Che fate

you do here?

— I'm a geographer, — said the elderly gentleman.

— What's a geographer?

— A geographer is a scholar who knows where to find the seas, rivers, towns, mountains and deserts.

— That's so very interesting, — said the little prince. — That's a real vocation at last. — And he glanced all around him at the geographer's planet. He had never seen such a majestic planet before.

— Your planet is very beautiful. Does it have oceans?

— I can't know that, — said the geographer.

— Oh! (The little prince was disappointed.) And mountains?"

— I can't know that, — said the geographer.

— And cities, and rivers, and deserts?

— I can't know that, either, — said the geographer.

— But you're a geographer!

— That's right, — the geographer said. — But I'm not an explorer. There are no explorers here at all. Geographers don't go out and count the towns, the rivers, the seas, the oceans, or the deserts. Geographers are much too important to stroll around. They never leave the office. But they interviews the explorers. They asks them questions, and makes a note of what they remember. And, if one of them re-

qui?

— Sono un geografo — disse il vecchio signore.

— Che cos'è un geografo?

— È uno studioso che sa dove si trovano i mari, i fiumi, le città, le montagne e i deserti.

— È molto interessante — disse il piccolo principe. — Questo finalmente è un vero mestiere! — E diede un'occhiata intorno a lui sul pianeta del geografo. Non aveva mai visto fino a ora un pianeta così maestoso.

— È davvero bello, il vostro pianeta. Ci sono degli oceani?

— Non lo posso sapere — disse il geografo.

— Ah! (il piccolo principe rimase deluso). E delle montagne?

— Non lo posso sapere — disse il geografo.

— E delle città e dei fiumi e dei deserti?

— Neppure questo lo posso sapere, disse il geografo.

— Ma siete un geografo!

— È esatto, — disse il geografo, — ma non sono un esploratore. Mi mancano completamente esploratori. Non è il geografo che va a fare il conteggio delle città, dei fiumi, delle montagne, dei mari, degli oceani e dei deserti. Il geografo è troppo importante per andare in giro. Non lascia mai il suo ufficio. Ma riceve gli esploratori. Li interroga e prende nota dei loro ricordi. E se i ricordi

members something that seems interesting, geographers do an investigation into his or her moral character.

— Why is that?

— Because an untruthful explorer would be a disaster for the geography books. So would an explorer who drank too much.

— Why is that? — repeated the little prince.

— Because people who are drunk see double. So the geographer would note down two mountains where there is only one.

— I know someone who would make a bad explorer, — said the little prince.

— Possibly. So, if the explorer's moral character seems fine, we do an investigation into his discovery.

— You go and look at it?

— No. That would be too difficult. But we require the explorer to supply proofs. For instance, if it's a question of discovering a large mountain, he's expected to bring back large stones from it.

The geographer suddenly became very excited.

— But you, you come from far away! You're an explorer! You can describe your planet to me!

And the geographer opened his large register and sharpened his pencil. Explorers' details were always noted down first in pencil. Waiting for proofs that had to be supplied before they could be writ-

di uno di loro gli sembrano interessanti, il geografo fa fare un'inchiesta sulla moralità dell'esploratore.

— Perché questo?

— Perché se un esploratore mentisse porterebbe una catastrofe nei libri di geografia. E anche un esploratore che bevesse troppo.

— Perché? — domandò il principe.

— Perché gli ubriachi vedono doppio. Allora il geografo annoterebbe due montagne, là dove non ce n'è che una sola.

— Io conosco qualcuno, — disse il piccolo principe, — che sarebbe un cattivo esploratore.

— È possibile. Quindi, quando la moralità dell'esploratore sembra buona, si fa un'inchiesta sulla sua scoperta.

— Si va a vedere?

— No. È troppo complicato. Ma si esige che l'esploratore fornisca delle prove. Se si tratta per esempio della scoperta di una grande montagna, si esige che riporti delle grosse pietre.

All'improvviso il geografo si animò.

— Ma tu, tu vieni da lontano! Tu sei un esploratore! Mi devi descrivere il tuo pianeta!

E il geografo, avendo aperto il suo registro, temperò la sua matita. I resoconti degli esploratori si annotano dapprima a matita. Si aspetta, per annotarli a penna, che l'esploratore abbia fornito delle

ten down in ink.

— Well? — said the geographer.

— Oh! where I live, — said the little prince, — it's not very interesting, it's all so small. I have three volcanoes. Two active volcanoes, and one extinct one. But you never know.

— You never know, — agreed the geographer.

— I have a flower, too.

— We don't make a note of flowers, — said the geographer.

— Why not? It's the prettiest thing of all.

— Because flowers are ephemeral.

— What does 'ephemeral' mean?

— Geography books, — explained the geographer, — are the most profound books of all. They never go out of fashion. It's very rare for a mountain to change its position. It is very rare for an ocean to lose all its water. We write about things that are eternal.

— But extinct volcanoes could come to life again, — the little prince interrupted. — What do you mean by 'ephemeral'?

— Whether the volcanoes are extinct or active, for us it comes to the same thing, — said the geographer. — All that matters to us is that they are mountains. That never changes.

— But what do you mean by 'ephemeral'? — the little prince re-

— Allora? — domandò il geografo.

— Oh! Da me, — disse il piccolo principe, — non è molto interessante, è tutto piccolo. Ho tre vulcani. Due vulcani in attività e un vulcano spento. Ma non si sa mai.

— Non si sa mai — disse il geografo.

— Ho anche un fiore.

— Noi non annotiamo i fiori, disse il geografo.

— Perché questo? Sono la cosa più bella!

— Perché i fiori sono effimeri.

— Che cosa significa "effimero"?

— Quelli di geografia, — disse il geografo, — sono i libri più seri di tutti i libri. Non passano mai di moda. È molto raro che una montagna cambi di posto. È molto raro che un oceano si prosciughi. Noi descriviamo delle cose eterne.

— Ma i vulcani spenti si possono risvegliare — interruppe il piccolo principe. — Che cosa significa "effimero"?

— Che i vulcani siano spenti o attivi, è la stessa cosa per noi altri, — disse il geografo — quello che conta per noi è la montagna. Essa non cambia.

— Ma che cosa significa "effimero"? — ripeté il piccolo principe

peated, who in all his life had never let a question go once it had been asked.

— It means 'likely to disappear before very long'.

— My flower may disappear before very long?

— Certainly.

"My flower is ephemeral", the little prince said to himself, "and she only has four thorns to protect her against the whole world! And I have left her all alone on my planet!"

These were his first stirrings of regret. But he took heart again.

— Where would you advise me to visit next? — he asked.

— The planet Earth, — the geographer replied. — It's got a good reputation.

And the little prince went on his way, dreaming of his flower.

che, in vita sua, non aveva mai rinunciato a una domanda, una volta che l'aveva posta.

— Significa "che è destinato a scomparire a breve".

— Il mio fiore è destinato a scomparire a breve?

— Certamente.

"Il mio fiore è effimero," si disse il piccolo principe, "e non ha che quattro spine per difendersi dal mondo! E io l'ho lasciato a casa tutto solo!"

Questo fu il suo primo momento di rammarico. Ma si fece coraggio:

— Che cosa mi consigliate di andare a visitare? — domandò.

— Il pianeta Terra, — gli rispose il geografo, — ha una buona reputazione...

E il piccolo principe se ne andò, pensando al suo fiore.

# XVI

So the seventh planet he visited was the Earth.

Earth isn't just any other planet! It has one hundred and eleven kings (not forgetting, of course, the African kings), seven thousand geographers, nine hundred thousand businessmen, seven and a half million drinkers, three hundred and eleven million conceited men, which means around two billion grown-ups.

To give you an idea of the size of the Earth, I can tell you that before electricity was invented, on all the continents put together they had to maintain a veritable army of four hundred and sixty-two thousand, five hundred and eleven lamplighters.

Seen from a short distance away, the effect was spectacular. The movements of this army were choreographed like those of a ballet at the opera. First came the turn of lamplighters from New Zealand and Australia. Then, when their lamps were lit, they went away and slept. Next in turn for the dance came lamplighters from China and Siberia. Then they too in their turn vanished into the wings. Then came the turn of the lamplighters from Russia and India. Then the ones from Africa and Europe. Then the ones from South America. Then the ones from North America. And they never put a foot wrong in their order of coming on stage. It was magnificent.

Il settimo pianeta fu quindi la Terra.

La Terra non è un pianeta qualsiasi! Si contano centoeundici re (senza dimenticare, ovviamente, i re africani), settemila geografi, novecentomila uomini d'affari, sette milioni e mezzo di ubriaconi, trecento e undici milioni di vanitosi, vale a dire circa due miliardi di adulti.

Per darvi un'idea delle dimensioni della Terra vi dirò che prima dell'invenzione dell'elettricità bisognava mantenere, sull'insieme dei sei continenti, una vera armata di quattrocento sessantaduemila cinquecento undici addetti ai lampioni.

Visto un po' da lontano faceva uno splendido effetto. I movimenti di questa armata erano regolati come quelli di un balletto d'opera. Prima veniva il turno degli addetti ai lampioni della Nuova Zelanda e dell'Australia. Poi questi qui, dopo aver acceso i loro lampioni, se ne andavano a dormire. Allora entravano a loro volta in scena i lampionai della Cina e della Siberia. Poi anche loro sgattaiolavano dietro le quinte. Allora veniva il turno dei lampionai della Russia e delle Indie. Poi di quelli dell'Africa e dell'Europa. Poi di quelli dell'America del Sud. Poi di quelli dell'America del Nord. E non si sbagliavano mai nell'ordine dell'entrata in scena. Era grandioso.

Only the single lamplighter from the North Pole and his counterpart, the single lamplighter from the South Pole, led a leisurely and carefree existence: they only had to work twice a year.

Soltanto il lampionaio dell'unico lampione del Polo Nord e il confratello dell'unico lampione del Polo Sud, conducevano vite oziose e indolenti: lavoravano due volte all'anno.

# XVII

When someone wants to be witty, they may tell a few untruths. I haven't been entirely honest in what I told you about lamplighters. I run the risk of giving a false idea of our planet to those who are strangers to it. Men take up very little space on the planet. If the two billion people who inhabit the Earth all stood up, rather squashed together, as if they were at a meeting, they would easily fit into a public place twenty miles long and twenty miles wide. You could pile the whole of humanity on a tiny little island in the pacific.

Of course, grown-ups would not believe this. They imagine they take up plenty of space. They think they are important, like the baobabs. So you will have to advise them to work it out for themselves. They love figures: they'd enjoy that. But don't you waste your time on this chore. It's futile. You trust me.

Once he reached the Earth, the little prince was very surprised not to see anyone. He was beginning to be afraid he had got the wrong planet, when a circle the colour of moonlight slithered across the sand.

Quando si vuol fare dello spirito, si può giungere a mentire un po'. Non sono stato molto onesto parlandovi degli addetti ai lampioni. Rischio di dare una falsa idea del nostro pianeta a quelli che non lo conoscono. Gli uomini occupano molto poco posto sulla Terra. Se i due miliardi di abitanti che popolano la Terra stessero in piedi e un po' stretti, come per un comizio, troverebbero facilmente posto in una piazza pubblica di ventimila metri di lunghezza per ventimila metri di larghezza. Si potrebbe ammucchiare l'umanità su un qualsiasi isolotto del Pacifico.

I grandi, ovviamente, non ci crederebbero. Loro si immaginano di occupare molto spazio. Si vedono importanti come dei baobab. Consigliategli allora di fare dei calcoli. Loro adorano le cifre: gli piacerà questo. Ma non perdete il vostro tempo con questo pensiero. È inutile. Visto che avete fiducia in me.

Il piccolo principe, una volta sulla Terra, fu quindi molto sorpreso di non vedere nessuno. Temeva già di essersi sbagliato di pianeta, quando un anello del colore della luna si mosse nella sabbia.

— Good evening, — said the little prince, just in case.

— Good evening, — said the snake.

— What planet have I fallen onto? — said the little prince.

— On Earth, in Africa, — replied the snake.

— Oh! Are there no people on Earth?

— This is a desert. Nobody lives in deserts. The Earth is huge, — said the snake.

The little prince sat down on a

— Buona notte — disse il piccolo principe in ogni caso.

— Buona notte — disse il serpente.

— Su quale pianeta sono sceso? — domandò il piccolo principe.

— Sulla Terra, in Africa — rispose il serpente.

— Ah!… Non c'è quindi nessuno sulla Terra?

— Qui c'è il deserto. Non c'è nessuno nei deserti. La Terra è grande — disse il serpente.

Il piccolo principe sedette su una

stone and raised his eyes to the sky.

He said, — I wonder if the stars are all lit up so that every one can find his way back to his own, one day. Look at my planet. It's just above us. But it's so far away!

— It's beautiful, — said the snake. — Why have you come here?

— I was having a few problems with a flower, — said the little prince.

— Ah! — said the snake.

And they fell silent.

pietra e alzò gli occhi verso il cielo:

— Mi domando, — disse, — se le stelle sono illuminate affinché ognuno possa un giorno trovare la sua. Guarda il mio pianeta. È proprio sopra di noi... Ma come è lontano!

— È bello, — disse il serpente, — cosa sei venuto a fare qui?

— Ho avuto delle difficoltà con un fiore — disse il piccolo principe.

— Ah! — fece il serpente.

E rimasero in silenzio.

— Where are all the people? — the little prince took up the conversation again. — One gets a bit lonely in the desert.

— One gets a bit lonely among people, too, — the snake said.

The little prince looked at him for a long time.

— You're a funny sort of creature, — he said, at last. — Thin, like a finger…

— But I'm more powerful than even a King's finger, — said the snake.

The little prince smiled.

— You're not very powerful… you don't even have paws … you can't even travel anywhere …

— I could take you further than a ship, — said the snake.

He twined himself around the little prince's ankle, like a golden bracelet.

— Whoever I touch, I send them to the land they came from, — he spoke again. — But you have a pure heart, and you come from a star …

The little prince made no reply.

— I feel sorry for you, such a weak creature on this granite Earth. I can help you one day if you are too homesick for your planet. I can …

— Oh! I understand you perfectly, — said the little prince. — But why do you always speak in riddles?

— I can solve them all, — said the snake.

And they fell silent.

— Dove sono gli uomini? — riprese alla fine il piccolo principe. — Si è un po' soli nel deserto…

— Si è soli anche presso gli uomini — disse il serpente.

Il piccolo principe lo guardò a lungo:

— Sei uno strano animale, — gli disse alla fine — sottile come un dito…

— Ma sono più potente del dito di un re — disse il serpente.

Il piccolo principe sorrise:

— Non sei molto potente… non hai neanche le zampe… non puoi neppure viaggiare…

— Posso portarti più lontano di una nave — disse il serpente.

Si arrotolò attorno alla caviglia del piccolo principe, come un braccialetto d'oro:

— Colui che tocco, lo restituisco alla terra da dove è venuto, — disse ancora — ma tu sei puro e vieni da una stella…

Il piccolo principe non disse nulla.

— Mi fai pena, tu così debole, su questa Terra di granito. Potrò aiutarti un giorno se rimpiangerai troppo il tuo pianeta. Io posso…

— Oh! Ho capito benissimo, — disse il piccolo principe, — ma perché parli sempre per enigmi?

— Li risolvo tutti — disse il serpente.

E rimasero in silenzio.

# XVIII

The little prince crossed the desert but he found only one flower. A flower with three petals, a flower of nothing at all …

— Good morning, — said the little prince.

— Good morning, — said the flower.

— Where are all the people? — asked the little prince.

The flower had once seen a caravan go by.

— People? I think there are about six or seven of them in existence. I saw them years ago. But you never know where to find them. The wind blows them. They don't have roots, it makes life difficult for them.

— Goodbye, — said the little prince.

— Goodbye, — said the flower.

Il piccolo principe attraversò il deserto e non incontrò che un fiore. Un fiore a tre petali, un fiore davvero da niente…

— Buon giorno — disse il piccolo principe.

— Buon giorno — disse il fiore.

— Dove sono gli uomini? — domandò gentilmente il piccolo principe.

Il fiore, un giorno, aveva visto passare una carovana:

— Gli uomini? Ne esistono, credo, sei o sette. Li ho intravisti parecchi anni fa. Ma non si sa mai dove trovarli. Il vento li conduce qua e là. Non hanno radici, e questo li imbarazza molto.

— Addio — disse il piccolo principe.

— Addio — disse il fiore.

# XIX

The little prince climbed a high mountain. The only mountains he had ever known were the three volcanoes that came up to his knees. And he used the extinct volcano as a stool. So he said to himself, "from the top of a high mountain like this one, I could see the whole planet and all the people at one go ..." But he didn't see anything apart from sharp, rocky peaks.

Il piccolo principe fece l'ascensione di un'alta montagna. Le uniche montagne che avesse mai conosciuto, erano i tre vulcani che gli arrivavano alle ginocchia. E si serviva del vulcano spento come di uno sgabello. "Da una montagna alta come questa qui", si disse allora, "vedrò in un colpo tutto il pianeta e tutti gli uomini..." ma non vide altro che guglie di roccia ben affilate.

— Good morning! — he said, just in case.

— Good morning... good morning ... good morning ... — replied the echo.

— Who are you? asked the little prince.

— Who are you ... who are you ... who are you ... — replied the echo.

— Be friends with me, I am all alone, — he said.

— All alone ... all alone ... all alone, — replied the echo.

"What a funny sort of planet this is!" he thought to himself. "It's completely dry, all pointed and entirely salty. The people have no imagination. They repeat whatever you say to them. Back home I have a flower: she always used to speak first ..."

— Buon giorno — disse in ogni caso.

— Buon giorno... — buon giorno... — buon giorno... — rispose l'eco.

— Chi siete? — disse il piccolo principe.

— Chi siete... chi siete... chi siete... — rispose l'eco.

— Siate miei amici, io sono solo — disse.

— Io sono solo... io sono solo... io sono solo...— rispose l'eco.

"Che strano pianeta," pensò allora, "è tutto secco e pieno di punte e tutto salato. E gli uomini mancano di immaginazione. Ripetono ciò che si dice loro... Da me avevo un fiore: e parlava sempre per primo..."

# XX

**B**ut it turned out that the little prince, after walking for a long time over sand, rocks and snow, at last found a road. And all roads go to where people live.

— Good morning, — he said.

He had found a garden full of roses.

— Good morning, — the roses replied.

The little prince stared at them. They all looked like his flower.

**M**a capitò che il piccolo principe, dopo aver camminato a lungo attraverso le sabbie, le rocce e le nevi, scoprì alla fine una strada. E le strade portano tutte presso gli uomini.

— Buon giorno — disse.

Era un giardino fiorito di rose.

— Buon giorno — dissero le rose.

Il piccolo principe le guardò. Assomigliavano tutte al suo fiore.

— Who are you? — he asked them, in amazement.

— We are roses, — said the roses.

— Ah! — said the little prince.

And he felt very unhappy. His flower had told him that she was

— Voi chi siete? — domandò loro, stupefatto.

— Noi siamo delle rose — dissero le rose.

— Ah! — fece il piccolo principe...

E si sentì molto infelice. Il suo fiore gli aveva raccontato che era il

the only one of her kind in the universe. And here were five thousand of them, all looking just the same, in one single garden!

"How cross she would be", he said to himself, "if she saw this ... she would cough alarmingly and pretend to die so as not to be laughed at. And I'd have to pretend to look after her, because if I didn't do that, and humble myself as well, she really would let herself die ..."

Then he went on: "I thought I was rich with one unique flower, and all I had was an ordinary rose. That and my three volcanoes, which came up to my knee, and one of them is extinct, perhaps forever. That doesn't make me a very great prince ..." and he lay down in the grass and wept.

solo della sua specie in tutto l'universo. Ed ecco che ce n'erano cinquemila, tutti uguali, in un solo giardino!

"Sarebbe molto irritato", si disse, "se vedesse questo... tossirebbe tantissimo e fingerebbe di morire per sfuggire al ridicolo. E io sarei davvero obbligato a far mostra di curarlo, perché, se no, per umiliare anche me, si lascerebbe veramente morire..."

Poi si disse anche: "Mi credevo ricco di un fiore unico, e non possiedo che una comune rosa. Lei e i miei tre vulcani che mi arrivano alle ginocchia, e di cui uno, forse, spento per sempre, non fanno di me un principe molto importante..." E, sdraiato nell'erba, pianse.

# XXI

That's when the fox appeared.

— Good morning, — said the fox.

— Good morning, — the little prince replied politely. He turned round, but couldn't see anything.

— Here I am, — said the fox. — Under the apple tree.

Fu allora che apparve la volpe:

— Buon giorno — disse la volpe.

— Buon giorno — rispose cortesemente il piccolo principe, che si voltò, ma non vide nessuno.

— Sono qui, — disse la voce, — sotto al melo…

— Who are you? — asked the little prince. — You're very pretty.

— I'm a fox, — said the fox.

— Come and play with me, — the little prince invited him. — I'm so unhappy.

— I can't play with you, — replied the fox. — I haven't been tamed.

— Oh! I'm sorry, — said the little prince.

But, on reflection, he added:

— Chi sei? — disse il piccolo principe, — sei molto carina…

— Sono una volpe — disse la volpe.

— Vieni a giocare con me, — le propose il piccolo principe, — sono talmente triste…

— Non posso giocare con te, — disse la volpe, — non sono addomesticata.

— Ah! scusa — disse il piccolo principe.

Ma dopo aver riflettuto, aggiunse:

— What does 'tame' mean?

— You don't come from these parts, — said the fox. — What are you looking for?

— I'm looking for people, — said the little prince. — What does 'tame' mean?

— Men, — said the fox, — have guns, and hunt. It's a real nuisance! They keep chickens, too. These are their only interests. Are you looking for chickens?

— No, — replied the little prince. — I'm looking for friends. What does 'tame' mean?

— It's something that's too often forgotten, — said the fox. — It means 'form bonds'...

— Form bonds?

— Certainly, — the fox went on. — To me you are still no more than a little boy no different from a hundred thousand other little boys. And I don't need you. And you don't need me either. To you, I am no more than a fox no different from a hundred thousand other foxes. But, if you tamed me, we would need each other. You would be the only one in the world for me. I would be the only one in the world for you ...

— I'm beginning to understand, — said the little prince. — There's a flower ... I think she's tamed me.

— It's possible, — said the fox. — You see all sorts of things on the Earth...

— Oh! But this isn't on the Earth, — said the little prince.

— Che cosa significa "addomesticare"?

— Tu non sei di qui, — disse la volpe, — che cosa cerchi?

— Cerco gli uomini, — disse il piccolo principe, — che cosa significa "addomesticare"?

— Gli uomini, — disse la volpe, — hanno i fucili e cacciano. È molto fastidioso! Allevano anche delle galline. È il loro unico interesse. Tu cerchi delle galline?

— No — disse il piccolo principe. — Io cerco degli amici. Che cosa significa "addomesticare"?

— È una cosa troppo spesso dimenticata — disse la volpe. — Vuol dire "creare dei legami"...

— Creare dei legami?

— Proprio così — disse la volpe. — Tu per me non sei ancora nient'altro che un ragazzino del tutto simile a centomila ragazzini. E non ho bisogno di te. E neppure tu hai bisogno di me. Io non sono per te che una volpe uguale a centomila volpi. Ma, se tu mi addomestichi, noi avremo bisogno l'uno dell'altra. Tu sarai per me unico al mondo. Io sarò per te unica al mondo...

— Comincio a comprendere, — disse il piccolo principe. — C'è un fiore... credo che mi abbia addomesticato...

— È possibile — disse la volpe. — Sulla Terra capitano ogni sorta di cose...

— Oh! Non è sulla Terra — disse il piccolo principe.

The fox seemed very intrigued.

La volpe sembrò molto incuriosita:

— On another planet?

— Yes.

— Does that planet have hunters?

— No.

— Now that's interesting. Does it have chickens?

— No.

— Nothing's perfect, — sighed the fox.

But the fox returned to his idea.

— I live a monotonous life. I hunt chickens, men hunt me. The chickens all look alike and the men all look alike, so I get a bit bored. But if you tamed me, it would light up my life. I would get to know a footstep that will be different from all the rest. Other footsteps make

— Su un altro pianeta?

— Sì.

— Ci sono dei cacciatori su questo pianeta?

— No.

— Questo è interessante! E delle galline?

— No.

— Niente è perfetto — sospirò la volpe.

Ma la volpe ritornò alla sua idea:

— La mia vita è monotona. Io caccio le galline, gli uomini cacciano me. Tutte le galline si assomigliano e tutti gli uomini si assomigliano. Io quindi mi annoio un po'. Ma se tu mi addomestichi, la mia vita sarà come illuminata. Riconoscerò un rumore di passi che sarà diverso da

me go back underground. Yours will call me out of my earth, like music. And then look! You see those fields of wheat down there? I don't eat bread. Wheat is no use to me. Wheat fields mean nothing to me. And that's sad. But your hair is the colour of gold. So it will be wonderful when you have tamed me! The golden wheat will remind me of you. And I will love the sound of the wind in the wheat …

The fox fell silent and gazed at the little prince for a long time.

— Please … tame me! — he said.

— I would love to, — answered the little prince, — but I don't have a lot of time. I have friends to discover and a lot of things to get to know.

— You only get to know the things that you tame, — said the fox. — Men don't have time to get to know anything. They buy everything ready made at the shops. But no one sells friends, so men don't have any friends. If you want a friend, tame me!

— What do I have to do? — asked the little prince.

— You have to be very patient, — answered the fox. — First you would have to sit down a little way away from me, like that, in the grass. I'll look at you out of the corner of my eye and you will say nothing. Speaking gives rise to misunderstandings. But, everyday, you'll be able to sit a little nearer …

The next day the little prince

tutti gli altri. Gli altri passi mi fanno rintanare sotto terra. Il tuo mi farà uscire dalla tana, come una musica. E poi, guarda! Vedi, laggiù, i campi di grano? Io non mangio il pane. Il grano per me è inutile. I campi di grano non mi ricordano nulla. E ciò, è triste! Ma tu hai i capelli color dell'oro. Allora sarà meraviglioso quando mi avrai addomesticata. Il grano, che è dorato, mi farà ricordare di te. E amerò il rumore del vento nel grano…

La volpe tacque e guardò a lungo il piccolo principe:

— Per favore… addomesticami! — gli disse.

— Volentieri, — rispose il piccolo principe, — ma non ho molto tempo. Devo trovare degli amici e ho molte cose da conoscere.

— Non si conoscono che le cose che si addomesticano — disse la volpe. — Gli uomini non hanno più tempo per conoscere nulla. Comprano le cose già fatte dai commercianti. Ma siccome non esistono affatto commercianti di amici, gli uomini non hanno più amici. Se tu vuoi un amico, addomesticami!

— Cosa bisogna fare? — disse il piccolo principe.

— Bisogna essere molto pazienti — rispose la volpe. — In principio tu ti siederai un po' lontano da me, così, nell'erba. Io ti guarderò con la coda dell'occhio e tu non dirai nulla. Le parole sono fonte di malintesi. Ma, ogni giorno, tu potrai sederti un po' più vicino…

L'indomani il piccolo principe

came back.

ritornò.

— It would be better to come back at the same time, — the fox said. — If, for instance, you come at four o'clock in the afternoon, after three o'clock I shall start to feel happy. As the time grows closer I shall get happier and happier. By four o'clock I shall be anxious and worried: I will find out the price of happiness! But if you come at just any time, I shall never know what time to get my heart ready ... rites are necessary.

— What's a 'rite'? — asked the little prince.

— That's another thing that's too often forgotten, — said the fox. — It's what makes one day different from other days and one hour different from other hours. For instance, the men who hunt me observe a rite. Every Thursday they

— Sarebbe stato meglio ritornare alla stessa ora, — disse la volpe. — Se tu vieni, per esempio, alle quattro del pomeriggio, dalle tre io comincerò a essere felice. Più si avvicinerà l'ora, più aumenterà la mia felicità. Alle quattro, in punto, io mi agiterò e mi inquieterò; scoprirò il prezzo della felicità! Ma se tu vieni non si sa quando, io non saprò mai a che ora prepararmi il cuore... Ci vogliono dei riti.

— Che cos'è un rito? — disse il piccolo principe .

— Anche questa è una cosa troppo spesso dimenticata — disse la volpe. — È ciò che rende un giorno diverso dagli altri giorni, un'ora, dalle altre ore. C'è un rito, per esempio, presso i miei cacciatori. Il giovedì ballano con le ragazze

dance with the girls from the village. So Thursday is a marvellous day. I can stroll as far as the vineyards! If the hunters danced at just any time, the days would be all alike, and I wouldn't ever have a day off.

So the little prince tamed the fox. And when the time drew near for him to go:

— Oh, — said the fox, — I shall cry.

— It's your own fault, — said the little prince, — I never wished you any harm, but you wanted me to tame you ...

— That's true, — said the fox.

— But you're going to cry! — said the little prince.

— Of course, — said the fox.

— So you're no better off!

— I am better off, — said the fox, — because of the colour of the wheat.

Then he added:

— Go and look at the roses again. You will learn that yours is unique in the world. Come back to say goodbye to me, and I'll let you into a secret.

The little prince went off to look at the roses again.

— You're not at all like my rose, you're nothing yet, — he told them. — Nobody has tamed you and you haven't tamed anybody. You're like my fox was. He was a fox no different from a hundred thousand other foxes. But I made him my friend, and now there isn't another one like him in the whole world.

And the roses were quite embar-

del villaggio. Allora il giovedì è un giorno meraviglioso! Io posso spingermi fino alla vigna. Se i cacciatori ballassero non si sa quando, i giorni si assomiglierebbero tutti, e non avrei mai vacanza.

Così il piccolo principe addomesticò la volpe. E quando l'ora della partenza fu vicina:

— Ah! — disse la volpe... — piangerò.

— È colpa tua, — disse il piccolo principe, — io, non ti avrei mai fatto del male, ma tu hai voluto che ti addomesticassi...

— È vero — disse la volpe.

— Ma piangerai! — disse il piccolo principe.

— Di sicuro — disse la volpe.

— Allora non ci guadagni nulla!

— Ci guadagno — disse la volpe, — il colore del grano.

Poi aggiunse:

— Va' a rivedere le rose. Capirai che la tua è unica al mondo. Ritorna a dirmi addio e ti svelerò un segreto.

Il piccolo principe se ne andò a rivedere le rose.

— Voi non siete per niente simili alla mia rosa, voi non siete ancora niente — disse loro. — Nessuno vi ha addomesticato e voi non avete addomesticato nessuno. Voi siete come era la mia volpe. Non era che una volpe uguale a centomila altre. Ma ne ho fatto una mia amica e ora è unica al mondo.

Le rose erano molto imbarazza-

rassed.

— You're beautiful but you're empty, — the little prince told them. — No one could die for you. Certainly, my own rose, to an ordinary passer-by would seem just like you. But she, and she alone, is more important than all of you, because she is the one I watered. Because she is the one I put under the cloche. Because she is the one I sheltered with the screen. Because she is the one I killed the caterpillars for (except two or three for the butterflies). Because she is the one I've listened to, complaining, or boasting, or even sometimes being quite silent. Because she's my rose.

And he went back to the fox.

— Goodbye, — he said.

— Goodbye, — said the fox. — And this is my secret. It's very simple: you can only truly see with the heart. What is essential is invisible to the eye.

— What is essential is invisible to the eye, — the little prince repeated, so he wouldn't forget.

— It's the time you wasted on your rose that makes your rose so important.

— It's the time I wasted on my rose … the little prince repeated, so he wouldn't forget.

— Men have forgotten this truth, — said the fox. — But you mustn't forget it. You become responsible forever for what you have tamed. You are responsible for your rose …

— I am responsible for my rose … — the little prince repeated, so he wouldn't forget.

te.

— Voi siete belle, ma siete vuote — disse ancora. — Non si può morire per voi. Certamente, anche la mia rosa, un passante qualsiasi crederebbe che vi assomigli. Ma lei, lei sola, è più importante di tutte voi, poiché è lei che io ho innaffiato. Poiché è lei che io ho messo sotto la campana di vetro. Poiché è lei che ho riparato col paravento. Poiché è su di lei che ho ucciso i bruchi (salvo i due o tre per le farfalle). Perché è lei che ho ascoltato lamentarsi o vantarsi o anche qualche volta tacere. Poiché è la mia rosa.

E ritornò dalla volpe.

— Addio — disse…

— Addio — disse la volpe. — Ecco il mio segreto. È molto semplice: non si vede bene che col cuore. L'essenziale è invisibile agli occhi.

— L'essenziale è invisibile agli occhi — ripeté il piccolo principe, per ricordarselo.

— È il tempo che tu hai perso per la tua rosa che ha reso la tua rosa così importante.

— È il tempo che ho perso per la mia rosa… — disse il piccolo principe per ricordarselo.

— Gli uomini hanno dimenticato questa verità. Ma tu non la devi dimenticare. Tu diventi responsabile per sempre di quello che hai addomesticato. Tu sei responsabile della tua rosa…

— Io sono responsabile della mia rosa… — ripeté il piccolo principe, al fine di ricordarselo.

# XXII

- **G**ood morning, — said the little prince.

— Good morning, — said the railway signalman.

— What do you do here? — asked the little prince.

— I sort out the passengers, in batches of a thousand, — said the railway signalman. — I send the trains that carry them on their way, sometimes to the right and sometimes to the left.

And, with a roar of thunder, a brightly lit express train shook the signalman's signal box.

— They're in such a hurry, — said the little prince. — What are they looking for?

— Even the train driver doesn't know that, — said the signalman.

And a second brightly lit express train roared past in the opposite direction.

— Are they on their way back already? — the little prince asked.

— Those aren't the same ones, — the signalman told him. — They change over.

— Aren't they happy where they are?

— No one is ever happy where he is, — said the signalman.

And a third brightly lit express train thundered past.

— Are they looking for the first travellers? — asked the little prince.

- **B**uon giorno — disse il piccolo principe.

— Buon giorno — disse il controllore.

— Che fai qui? — domandò il piccolo principe.

— Smisto i viaggiatori, a pacchi di mille — disse il controllore. — Spedisco i treni che li trasportano, a volte a destra, a volte a sinistra.

E un rapido tutto illuminato, rombando come il tuono, fece tremare la cabina del controllore.

— Hanno tutti fretta — disse il piccolo principe. — Cosa cercano?

— Lo stesso macchinista lo ignora — disse il controllore.

E rimbombò, in senso opposto, un secondo rapido tutto illuminato.

— Sono già di ritorno? — domandò il piccolo principe.

— Non sono gli stessi — disse il controllore. — È uno scambio.

— Non erano contenti, là dove stavano?

— Non si è mai contenti dove si sta — disse il controllore.

E rombò come il tuono un terzo rapido tutto illuminato.

— Inseguono i primi viaggiatori? — domandò il piccolo principe.

— They're not looking for any-thing at all, — said the signalman. — They're all asleep in there, or else they're yawning. Only the children press their noses against the win-dowpanes.

— Only children know what they are looking for, — said the little prince. — They waste time on a rag doll and it becomes very important to them, so that if anyone takes it away from them, they burst into tears...

— They're lucky, — said the signalman.

— Non inseguono assolutamen-te niente — disse il controllore. — Là dentro dormono, o sbadigliano tutt'al più. Solamente i bambini schiacciano il naso contro i vetri.

— Solo i bambini sanno quello che cercano — disse il piccolo prin-cipe. — Perdono tempo per una bambola di pezza e lei diventa mol-to importante, e se gli viene tolta, piangono...

— Sono fortunati — disse il controllore.

# XXIII

- **G**ood morning, — said the little prince.

— Good morning, — said the shopkeeper.

It was a shopkeeper who sold pills developed specifically to quench thirst. You swallowed one a week, and you didn't need to drink any more.

— Why are you selling this? — asked the little prince.

— It saves a lot of time, — said the shopkeeper. — Experts have calculated it all. You can save fifty three minutes each week.

— And what do people do with the fifty-three minutes?

— They do whatever they like …

"Personally", said the little prince to himself, "if I had fifty-three minutes to spare I'd take a stroll to a fountain…"

- **B**uon giorno — disse il piccolo principe.

— Buon giorno — disse il mercante.

Era un mercante di pillole speciali che placavano la sete. Se ne ingoiava una la settimana e non si provava più il bisogno di bere.

— Perché le vendi? — disse il piccolo principe.

— È un gran risparmio di tempo — disse il mercante. Gli esperti hanno fatto dei calcoli. Si risparmiano cinquantatré minuti alla settimana.

— E che cosa se ne fa uno di questi cinquantatré minuti?

— Ne fa quel che vuole...

"Io", si disse il piccolo principe, "se avessi cinquantatré minuti da spendere, camminerei piano piano verso una fontana…"

# XXIV

It was now the eighth day after my crash in the desert, and as I listened to the tale of the shopkeeper I drank the last drop of my water ration.

— Oh, — I told the little prince, — your reminiscences are all very well, but I still haven't repaired my aeroplane, I haven't anything left to drink, and nothing would make me happier than a stroll to a fountain!

— My friend the fox, he told me …

— My little man, this is no longer a matter of the fox!

— Why not?

— Because we are going to die of thirst …

Not following my argument, he replied:

— It's good to have had a friend, even if you are going to die. Personally I'm very glad to have had a fox for a friend…

"He has no idea of the danger", I said to myself. "He's never felt hunger or thirst. A bit of sunshine is enough for him …"

But he gazed at me, and, as if in answer to my thoughts, he said:

— I'm thirsty too … let's go and find a well …

I made a gesture of resignation. It's ridiculous to go looking for a well, at random, in the vast solitude of the

Eravamo all'ottavo giorno da quando ero in panne nel deserto e avevo ascoltato la storia del mercante bevendo l'ultima goccia della mia provvista d'acqua:

— Ah! — dissi al piccolo principe, — sono molto belli i tuoi ricordi, ma io non ho ancora riparato il mio aereo, non ho più niente da bere e sarei felice, anch'io, se potessi camminare piano piano verso una fontana!

— La mia amica volpe, mi disse…

— Mio ometto, non ha più importanza la volpe!

— Perché?

— Perché si morirà di sete…

Non capì il mio ragionamento e mi rispose:

— È un bene aver avuto un amico, anche se si muore. Io, sono molto contento d'aver avuto un'amica volpe…

"Non percepisce il pericolo", mi dissi. "Non ha mai né fame né sete. Un po' di sole gli è sufficiente…"

Ma mi guardò e ripose al mio pensiero:

— Anch'io ho sete… cerchiamo un pozzo…

Ebbi un gesto di stanchezza: è assurdo cercare un pozzo, a caso, nell'immensità del deserto. Tuttavia

desert. All the same, we set off.

After we had walked along in silence for several hours, night fell, and the stars began to shine. I stared at them as if in a dream. I was slightly feverish because of my thirst. The little prince's words were dancing in my memory:

— So do you feel thirsty, too? — I asked.

But he made no reply. He just said:

— Water can be good for the heart, as well.

I had no idea what he meant, but I said no more. By then I knew very well it would do no good to interrogate him.

He was tired. He sat down. I sat beside him. And after a silence he spoke again:

— The stars are beautiful because of a flower you can't even see …

I answered, — Yes, that's true, — and gazed in silence at the ridges of desert sand in the moonlight.

The desert is beautiful, — he ventured.

And it really was. I have always loved the desert. You sit down on a sand dune. Not a sight, not a sound. And yet something radiates through the silence…

— The good thing about the desert, — said the little prince, — is that, somewhere or other, it hides a well …

Astonished, I suddenly understood the mysterious shimmering of

ci mettemmo lo stesso in cammino.

Dopo aver camminato, per ore, in silenzio, scese la notte, e le stelle cominciarono ad accendersi. Le percepivo come in sogno, avendo un po' di febbre, a causa della sete. Le parole del piccolo principe danzavano nella mia memoria:

— Hai sete allora, anche tu? — gli domandai.

Ma non rispose alla mia domanda. Mi disse semplicemente:

— L'acqua può far bene anche al cuore…

Non compresi la sua risposta, ma stetti zitto… sapevo bene che non bisognava interrogarlo.

Era stanco. Si sedette. Mi sedetti accanto a lui. E dopo una pausa, disse ancora:

— Le stelle sono belle, grazie a un fiore che non si vede…

Risposi: — Proprio così — e guardai, senza parlare, le onde della sabbia sotto la luna.

— Il deserto è bello — aggiunse…

Ed era vero. Mi è sempre piaciuto il deserto. Ci si siede su una duna di sabbia. Non si vede nulla. Non si sente nulla. Eppure qualche cosa risplende nel silenzio…

— Ciò che rende bello il deserto, — disse il piccolo principe, — è che nasconde un pozzo da qualche parte…

Di colpo compresi cosa fosse quel misterioso riverbero della sabbia e ne

the sand. When I was a little boy, I lived in an old house and legend had it that it hid a buried treasure. Of course, no one had ever been able to find it, probably because no one had ever looked for it. But it cast a spell over the whole house. My house hid a secret deep in its heart...

— Yes, — I said to the little prince. — Whether you're thinking of houses, stars or deserts, what gives them their beauty can't be seen.

— I'm glad you agree with my fox, — he said.

As the little prince was falling asleep, I picked him up in my arms and set off walking again, filled with emotion. I felt as if I were carrying a delicate treasure. It even felt as if nothing on Earth were more delicate than he. As I gazed at him in the moonlight with his pale forehead, closed eyes, strands of hair quivering in the wind, I said to myself: "What I see here is nothing but a shell. What matters most is what can't be seen ..."

As his lips opened slightly, as if in a half-smile, I said to myself once more: "What I find so deeply moving about this little sleeping prince, is his attachment to a flower, the image of a rose that radiates through him like a lantern flame, even while he sleeps." And he seemed more delicate still. You have to well protect lanterns: a breath of wind can blow them out...

I walked on like this, and at daybreak I discovered the well.

rimasi sorpreso. Quando ero ragazzo abitavo in una casa antica e la leggenda raccontava che c'era un tesoro nascosto. Ovviamente, nessuno è mai riuscito a scoprirlo, né forse l'ha mai neanche cercato. Ma rendeva completamente magica questa casa. La mia casa nascondeva un segreto in fondo al suo cuore...

— Sì, — dissi al piccolo principe, — che si tratti di una casa, delle stelle o del deserto, quello che li rende belli è invisibile.

— Sono contento, — disse il piccolo principe, — che tu sia d'accordo con la mia volpe.

Come il piccolo principe si addormentò, io lo presi in braccio e mi rimisi in cammino. Ero emozionato. Mi sembrava di portare un fragile tesoro. Mi sembrava pure che non ci fosse niente di più fragile sulla Terra. Guardavo, alla luce della luna, quella fronte pallida, quegli occhi chiusi, quelle ciocche di capelli che tremolavano al vento, e mi dicevo: "Questo che io vedo non è che la scorza. Il più importante è invisibile..."

Siccome le sue labbra dischiuse abbozzavano un mezzo sorriso mi dissi ancora: "Ecco ciò che mi commuove così tanto di questo piccolo principe addormentato: è la sua fedeltà a un fiore, è l'immagine di una rosa che risplende in lui come la fiamma di una lampada, anche quando dorme..." E lo immaginavo più fragile ancora. Bisogna proteggere bene le lampade: un colpo di vento le può spegnere...

E, continuando a camminare, scoprii il pozzo al levar del giorno.

# XXV

- **M**en, — said the little prince, — pile into express trains but they don't know what they're looking for. So they get excited and rush round in circles...

And he added:

— It's not worth it...

- **G**li uomini, — disse il piccolo principe, — si infilano nei rapidi, ma non sanno più quello che cercano. Allora si agitano e girano in tondo...

E aggiunse:

— Non ne vale la pena...

The well we had reached did not look at all like the wells of the Sahara. The wells of the Sahara are just holes dug in the sand. This one was

Il pozzo che avevamo raggiunto non assomigliava ai pozzi sahariani. I pozzi sahariani sono dei semplici buchi scavati nella sabbia. Questo

like a village well. But there was no village there, and I thought I was dreaming.

— It's strange, — I said to the little prince. — It's all ready, the pulley, the bucket and the rope...

He laughed, touched the rope, and set the pulley to work. The pulley creaked like an old weather vane after a long spell with no wind.

— Do you hear? — asked the little prince. — We have woken up this well, and it sings...

Not wishing him to strain himself:

— Let me do it, it's too heavy for you, — I said to him.

Slowly, I hoisted the bucket up and set it down, upright, on the rim. The song of the pulley was still in my ears and, on the surface of the still rippling water, I could see the shimmer of the sun.

— I am thirsty for this water, — said the little prince. — Give me some to drink...

And I understood what he had been searching for.

I lifted the bucket to his lips. Closing his eyes, he drank. It tasted sweet, as it would at a party. This water was very different from any ordinary food. It was born from the walk under the stars, the song of the pulley, the strain on my arms. It did the heart good, like a present. When I was a little boy, the lights of the Christmas tree, the music of the midnight mass, the sweetness of people's smiles, all formed part of the radiance of the Christmas gifts I received.

— The men in your world, —

assomigliava a un pozzo di villaggio. Ma non c'era alcun villaggio intorno, e mi sembrava di sognare.

— È strano, — dissi al piccolo principe, — è tutto pronto: la carrucola, il secchio e la corda...

Rise, toccò la corda, fece funzionare la carrucola. E la carrucola gemette come geme una vecchia banderuola dopo che il vento ha a lungo dormito.

— Lo senti, — disse il piccolo principe, — noi svegliamo questo pozzo e lui canta...

Non volevo che facesse uno sforzo:

— Lasciami fare, — gli dissi, — è troppo pesante per te.

Lentamente issai il secchio fino al bordo del pozzo. Lo sistemai ben fermo. Nelle mie orecchie perdurava il canto della carrucola e, nell'acqua che tremolava ancora, vedevo tremare il sole.

— Ho sete di questa acqua, — disse il piccolo principe, — dammi da bere...

E capii quello che aveva cercato!

Sollevai il secchio fino alle sue labbra. Bevette con gli occhi chiusi. Era dolce come una festa. Quest'acqua era ben altra cosa che un alimento. Era nata dalla camminata sotto le stelle, dal canto della carrucola, dallo sforzo delle mie braccia. Faceva bene al cuore, come un dono. Quando ero ragazzino, le luci dell'albero di Natale, la musica della Messa di mezzanotte, la dolcezza dei sorrisi, facevano risplendere anche gli stessi doni di Natale che ricevevo.

— Da te, gli uomini, — disse il

said the little prince, — grow five thousand roses in one garden, but they don't find what they are looking for.

— They don't find it, — I replied.

— Yet they could find what they are looking for in one single rose, or a little water…

— That's true, — I said.

And the little prince added,

— But the eyes are blind. You have to search with the heart.

I had drunk the water. I was breathing easily. At daybreak the sand is the colour of honey. That honey colour made me happy, too. Why did I have to feel this grief…?

— You must keep your promise, — the little prince said to me, softly, once more sitting down beside me.

— What promise?

— You remember… a muzzle for my sheep… I have to look after that flower…

I took the rough sketches out of my pocket. The little prince looked them over, and laughed as he said:

— Your baobabs look a bit like cabbages…

— Oh!

And I had been so proud of my baobabs!

— Your fox … his ears … they look a bit like horns … and they're too long!

And he laughed again.

— That's not fair, little man. I didn't know how to draw anything except for boa constrictors, seen from the inside and the outside.

— Oh, it will be fine, — he said.

piccolo principe, — coltivano cinquemila rose nello stesso giardino… e non trovano quello che cercano.

— Non lo trovano — risposi io…

— E tuttavia quello che cercano potrebbe essere trovato in una sola rosa o in un po' d'acqua…

— Sicuramente — risposi.

E il piccolo principe aggiunse:

— Ma gli occhi sono ciechi. Bisogna cercare col cuore.

Avevo bevuto. Respiravo bene. La sabbia, al levar del giorno, era color del miele. Ero felice anche di questo color del miele. Perché invece mi sentivo in pena…

— Devi mantenere la tua promessa — mi disse dolcemente il piccolo principe, che, di nuovo si era seduto vicino a me.

— Quale promessa?

— Lo sai… una museruola per la mia pecora… sono responsabile di quel fiore!

Tirai fuori dalla tasca le bozze dei miei disegni. Il piccolo principe li vide e disse ridendo:

— I tuoi baobab assomigliano un po' a dei cavoli…

— Oh!

Io che ero così fiero dei baobab!

— La tua volpe… le sue orecchie… assomigliano un po' a delle corna… e sono troppo lunghe!

E rise ancora.

— Sei ingiusto, ometto, non sapevo disegnare nient'altro che i boa interi e i boa in sezione.

— Oh! andrà bene, — disse, — i

— Children understand.

So I sketched a muzzle. And I handed it to him with a heavy heart.

— You have plans that I don't know about …

But he didn't answer. He said:

— You know, my descent to Earth … tomorrow will be the anniversary …

He fell silent for a while, then went on:

— I came down not far from here …

And he blushed.

And I was overcome once more by a strange feeling of sadness, without knowing why. However one question occurred to me:

— So it wasn't by chance that, on the morning I met you, eight days ago, you were walking along, all alone like that, a thousand miles from any inhabited region! You were walking back to the place where you fell?

The little prince blushed again.

And I added, hesitantly:

— Because of the anniversary, perhaps?

The little prince blushed once more. He never replied to questions, but when someone blushes, doesn't that mean, "Yes"?

— Oh, — I said to him, — I'm frightened…

But he replied:

— You must work now. You must go back to your engine. I'll wait for you here. Come back tomorrow evening …

But I wasn't reassured. I remembered the fox. You risk shedding a few tears, if you let yourself become tamed …

bambini capiscono.

Abbozzai quindi una museruola. E mi si stringeva il cuore nel dargliela:

— Hai dei progetti che ignoro…

Ma lui non mi rispose. Mi disse:

— Sai, la mia caduta sulla Terra…. sarà domani l'anniversario…

Poi, dopo una pausa, disse ancora:

— Ero caduto proprio qui vicino…

E arrossì.

E di nuovo, senza capire il perché, provai uno strano dolore. Tuttavia mi venne una domanda:

— Allora non è per caso che, il mattino in cui ti ho conosciuto, otto giorni fa, tu te ne andavi così, tutto solo, a mille miglia da qualsiasi regione abitata! Ritornavi verso il punto della tua caduta?

Il piccolo principe arrossì ancora.

E aggiunsi, esitando:

— A causa, forse, dell'anniversario…?

Il piccolo principe arrossì di nuovo. Non rispondeva mai alle domande, ma quando si arrossisce, vuol dire "sì", non è vero?

— Ah! — gli dissi — temo…

Ma mi rispose:

— Ora devi lavorare. Devi ritornare dal tuo motore. Ti aspetto qui. Ritorna domani sera…

Ma non ero rassicurato. Mi ricordavo della volpe. Si rischia di piangere un po' se ci si è lasciati addomesticare…

# XXVI

Beside the well there stood a ruin with an old stone wall. The following evening, as I walked back from my work I saw my little prince from some distance away, sitting on top of it, with his legs dangling. And I heard him say:

— So don't you remember? It wasn't here at all, — he said.

Another voice must have answered him, since he replied:

— Yes, yes! This is the right day, but this isn't the place …

I went on walking towards the wall. There was still no one to be seen or heard. Yet the little prince answered again:

— … Very well. You'll see where my trail starts in the sand. You'll just have to wait for me there. I'll be there by nightfall.

I was twenty metres away from the wall, and I still couldn't see anyone.

After a silence the little prince spoke again.

— Is your poison strong? Are you sure I won't have to suffer for long?

I stopped in my tracks, my heart missing a beat. But I still didn't understand.

— Now go away, — he said. — I want to get down again!

So I looked down at the foot of the wall, and I jumped! For there,

C'era, a fianco del pozzo, un vecchio muro di pietra in rovina. Quando ritornai dal mio lavoro, l'indomani sera, scorsi da lontano il mio piccolo principe seduto là sopra, le gambe penzoloni. Lo udii che parlava.

— Quindi non te ne ricordi più? — diceva, — non è affatto qui!

Un'altra voce senza dubbio gli rispondeva, poiché egli replicò:

— Sì! sì! È proprio questo il giorno, ma non è qui il luogo…

Continuai il mio cammino verso il muro. Non vedevo né udivo nessuno. Tuttavia il piccolo principe replicò di nuovo:

— … Certamente. Verrai dove inizia la mia traccia nella sabbia. Non hai che da attendermi. Ci sarò questa notte.

Ero a venti metri dal muro e non vedevo ancora nulla.

Il piccolo principe disse ancora, dopo una pausa:

— Tu hai del buon veleno? Sei sicuro di non farmi soffrire a lungo?

Mi fermai, il cuore che si stringeva, ma non comprendevo ancora.

— Ora vai, — disse — …voglio scendere!

Allora abbassai i miei occhi proprio ai piedi del muro e feci un salto!

facing the little prince, was one of those yellow snakes that can end your life in thirty seconds. As I dug into my pocket to pull out my revolver, I started to run, but at the sound I made the snake gently shimmered away across the sand, like the final jet from a fountain, and without any undue haste he slipped away between the stones with a slight metallic sound. I reached the wall just in time to take my little royal friend into my arms, his face white as snow.

Là, drizzato verso il piccolo principe, c'era uno di quei serpenti gialli che ti uccidono in trenta secondi. Pur frugando in tasca per prendere il revolver, mi misi a correre, ma al rumore che feci, il serpente si lasciò scivolare dolcemente nella sabbia, come un getto d'acqua che muore, e, senza troppo affrettarsi si infilò tra le pietre con un leggero rumore metallico. Giunsi davanti al muro giusto in tempo per ricevere fra le braccia il mio ometto principesco, pallido come la neve.

— What's all this about? Are you talking to snakes now?

I had loosened the golden scarf that he always wore. I moistened his temples and gave him a drink. And now I couldn't bear to ask him any more questions. He looked at me solemnly and wound his arms around my neck. I felt his little heart beating like a dying bird that someone had shot with a rifle. He

— Che cos'è questa storia! Adesso parli con i serpenti!

Avevo sciolto la sua sciarpa d'oro perennemente avvolta. Gli avevo bagnato le tempie e l'avevo fatto bere. E ora non osavo più domandargli niente. Mi guardò seriamente e mi strinse le braccia al collo. Sentivo battere il suo cuore come quello di un uccellino che muore, quando l'hanno colpito col fucile. Mi disse:

said to me:

— I'm so glad you've found out what was wrong with your engine. Now you can go home …

— How did you know?

I was just about to tell him that, contrary to all expectations, I had succeeded in my task!

He made no reply to my question, but added:

— I too am going home today.

— Sono contento che tu abbia trovato quello che mancava al tuo motore. Puoi ritornare a casa tua...

— Come lo sai!

Stavo proprio per annunciargli che, contro ogni speranza, ero riuscito nel mio lavoro!

Non rispose alla mia domanda, ma aggiunse:

— Anch'io, oggi, ritorno a casa...

Then, sadly:

— It's a lot further … it's a lot more difficult …

I had a clear sensation that something extraordinary was happening. I hugged him close to me like a small child, yet it still seemed to me as if he were sinking straight down into an abyss, and there was nothing I could do to stop him …

There was a very solemn look in his eyes, as if he were far away.

— I have your sheep. And the box for the sheep. And the muz-

Poi, malinconicamente:

— È ben più lontano... è molto più difficile...

Sentivo che stava succedendo qualcosa di straordinario. Lo stringevo in braccio come un bimbetto, eppure mi sembrava che scivolasse verticalmente dentro un abisso senza che io potessi fare nulla per trattenerlo...

Aveva lo sguardo serio, perduto molto lontano:

— Ho la tua pecora. E ho la cassetta per la pecora. E ho la muse-

zle …

And he gave a sad smile.

I waited for a long time. I felt he was gradually coming back to life.

— My little man, you've had a fright …

He had certainly had a fright. But he laughed gently:

— I shall be much more frightened tonight.

Once again I went cold all over with the sense that something irrevocable was about to happen. And I knew I couldn't bear the idea that I would never hear that laugh again. It was like a spring in the desert to me.

— My little man, I want to hear you laugh again …

But he said to me:

— It was a year ago tonight. My star will be exactly above the place where I fell to Earth last year …

— My little man, surely it's no more than a bad dream, this business with the snake, and the meeting place, and the star …?

But he didn't answer my question. He said to me:

— What matters is what you don't see …

— Of course …

— It's like it is with the flower. If you love a flower that lives on a star, it's lovely to look at the sky at night. All the stars bloom.

— Of course…

— It's like it is with the water. The water you gave me to drink was like music, because of the pulley and the rope… you remember … it was lovely.

ruola...

E sorrise con malinconia.

Attesi a lungo. Sentivo che si riscaldava a poco a poco:

— Ometto, hai avuto paura...

Aveva avuto paura, sicuramente! Ma rise dolcemente:

— Avrò ben più paura questa sera...

Di nuovo mi sentii raggelare per la sensazione dell'irreparabile. E capii che non potevo sopportare l'idea di non sentire più quella risata. Era per me come una fontana nel deserto.

— Ometto, voglio ancora sentirti ridere...

Ma mi disse:

— Questa notte, sarà un anno. La mia stella si troverà proprio sopra al luogo dove sono caduto l'anno scorso...

— Ometto, non è che si tratta di un brutto sogno quella storia del serpente, dell'appuntamento e della stella...

Ma non rispose alla mia domanda. Mi disse:

— Quello che è importante, non lo si vede...

— Certo...

— È come per il fiore. Se tu ami un fiore che si trova su una stella, è dolce, la notte, guardare il cielo. Tutte le stelle sono fiorite.

— Certo...

— È come per l'acqua. Quella che tu mi hai offerto da bere era come una musica, grazie alla carrucola e alla corda... ti ricordi... era buona.

— Of course...

— At night you will look up at the stars. Where I live is too small to show you which star is mine. It's better that way. For you my star will be just one among all the stars. So you will enjoy looking them all ... they will all be your friends. And I'm going to give you a present as well...

He laughed once more.

— Oh, little man, little man, I love the sound of that laughter!

— That's exactly what my present will be ... it will be as it was with the water...

— What do you mean?

— Everyone has stars, but they don't mean the same. For some, who travel, the stars are their guides. For other people they are no more than little points of light. For some clever people they are problems. For my businessman they were gold. But all these stars are silent. You, you will have stars like nobody else ...

— What do you mean?

When you look up at the night sky, because I am living on one of them, because I am laughing on one of them, you will feel as if all the stars are laughing. You and only you will have stars that can laugh!

And he laughed again.

— And when you have got over your grief (and everyone gets over it in the end) you will be happy to have known me. You will always be my friend. You will want to laugh with me. And sometimes you will open your window, just like that, for the joy of it ... And your friends will be really amazed to see you laughing while watching the sky. And you will

— Certo...

— Di notte, tu guarderai le stelle. È troppo piccolo da me perché ti possa mostrare dove si trova la mia stella. È meglio così. La mia stella sarà per te una delle stelle. Quindi ti piacerà guardarle tutte, le stelle... Loro saranno tutte tue amiche. E poi ti sto per fare un regalo...

Rise ancora.

— Ah! Ometto, ometto, mi piace sentirti ridere così!

— E sarà proprio questo il mio regalo... sarà come per l'acqua...

— Cosa vuoi dire?

— La gente ha delle stelle che non sono le stesse per tutti. Per alcuni, quelli che viaggiano, le stelle sono delle guide. Per altri non sono che delle piccole luci. Per altri che sono degli studiosi, sono dei problemi. Per il mio uomo d'affari erano dell'oro. Ma tutte queste stelle tacciono. Tu, tu avrai delle stelle come nessuno ha...

— Che cosa vuoi dire?

Quando tu guarderai il cielo, di notte, poiché io abiterò in una di esse, poiché io riderò in una di esse, allora sarà per te come se tutte le stelle ridessero. Tu, tu avrai delle stelle che sanno ridere!

E rise ancora.

— E quando ti sarai consolato (ci si consola sempre) tu sarai contento di avermi conosciuto. Tu sarai sempre mio amico. Avrai voglia di ridere con me. E aprirai a volte la finestra, così, per piacere... E i tuoi amici saranno molto stupiti di vederti ridere guardando il cielo. Allora tu dirai a loro: "Sì, le stelle, mi

tell them: "Yes, the stars, they always make me laugh!" And they'll think you're mad. I'll have played a rotten trick on you …

And he laughed again.

— It will be as if I'd given you, instead of stars, lots of little tinkling bells that can laugh …

And he laughed again. Then he grew solemn once more.

— Tonight … you know … don't come.

— I'm shan't leave you.

— It will look as if I'm in pain … It will look a little as if I'm dying. It's like that. Don't come and watch, it's not worth it.

— I shan't leave you.

But he was worried.

— I mean it … also because of the snake. You mustn't get bitten … snakes are nasty creatures. They can bite for the fun of it …

— I shan't leave you.

But something seemed to reassure him:

— It's true they have no poison left for a second bite …

That night I didn't see him set off. He slipped away without a sound. When I managed to catch up with him he was walking along with a firm and rapid step. He just said:

— Oh! It's you …

And he took my hand. But he was still worried:

— You've done the wrong thing. You'll be upset. It will look as though I've died, but it will not be true …

I was silent.

— You must understand. It's too far away. I can't take this body

fanno sempre ridere!" E ti crederanno pazzo. T'avrò giocato un gran brutto scherzo...

E rise ancora.

— Sarà come se t'avessi donato, al posto delle stelle, dei mucchi di piccoli sonagli che sanno ridere...

E rise ancora. Poi ridiventò serio.

— Questa notte... lo sai... non venire.

— Non ti lascerò.

— Sembrerà che io mi senta male... avrò un po' l'aspetto di uno che muore. È così. Non venire a vedere, non ne vale la pena...

— Non ti lascerò.

Ma era preoccupato.

— Ti dico questo... anche per via del serpente. Non bisogna che ti morda... I serpenti, sono cattivi. Ti può mordere per il piacere di...

— Non ti lascerò.

Ma qualcosa lo rassicurò:

— È vero che non hanno più veleno per il secondo morso...

Quella notte non lo vidi mettersi in cammino. Si era dileguato senza far rumore. Quando riuscii a raggiungerlo camminava deciso, con un passo rapido. Mi disse solamente:

— Ah! Sei qui...

E mi prese per mano. Ma ancora si tormentava:

— Hai fatto male. Soffrirai. Sembrerò morto e non sarà vero...

Io me ne stavo zitto.

— Capisci? È troppo lontano. Non posso portare questo corpo là.

with me. It's too heavy.

I was silent.

— But it will just be like an old, discarded shell that is left behind. There's nothing sad about old shells…

I was silent.

He was a bit discouraged. But he tried again:

— It will be nice, you know. I will look up at the stars as well. All the stars will be wells with a rusty pulley. All the stars will pour water for me to drink…

I was silent.

— It will be so amusing! You will have five hundred million little tinkling bells, I will have five hundred million fountains…

And he was silent too, because he was weeping.

— Here it is. Let me step forward by myself.

And he sat down because he was afraid.

È troppo pesante.

Io me ne stavo zitto.

— Ma sarà come una vecchia scorza abbandonata. Non sono tristi le vecchie scorze…

Io me ne stavo zitto.

Si scoraggiò un poco. Ma fece ancora uno sforzo:

— Sarà bello, sai. Anch'io guarderò le stelle. Tutte le stelle saranno dei pozzi con una carrucola arrugginita. Tutte le stelle mi verseranno da bere…

Io me ne stavo zitto.

— Sarà così divertente! Tu avrai cinquecento milioni di sonagli, io avrò cinquecento milioni di fontane…

E tacque anche lui, perché piangeva…

— È là. Lasciami fare un passo da solo.

E si sedette perché aveva paura.

He went on:

— You know… my flower… I'm responsible for her! And she's so delicate. And so naïve. She has four completely useless thorns to protect her against the whole world …

I sat down because I couldn't stand up any longer. He said:

— There … that's it …

He hesitated a little longer, then got to his feet. He took one step. I couldn't move at all.

There was nothing but a flash of yellow near his ankle. He stood motionless for a moment. He made no sound. He fell as gently as a tree falls. It didn't make the slightest sound, because of the sand.

E disse ancora:

— Sai... il mio fiore ... ne sono responsabile! Ed è talmente fragile! Ed è così ingenuo. Ha quattro spine da niente per proteggersi dal mondo…

Mi sedetti perché non potevo più stare in piedi. E lui disse:

— Ecco... è tutto...

Esitò ancora un poco, poi si rialzò. Fece un passo. Io non potevo muovermi.

Non ci fu altro che un guizzo giallo vicino alla sua caviglia. Rimase immobile per un istante. Non gridò. Cadde lentamente come cade un albero. Non fece nemmeno rumore, grazie alla sabbia.

# XXVII

And by now, sure, six years have already passed ... I have never yet told this story. When my friends saw me again they were well content to find I was still alive. I was sad, but I told them "It's the exhaustion."

Now I feel less grief. At least ... not exactly. But I am quite sure that he has gone back to his planet because, when morning came, I didn't find his body again. It was not such a heavy body ... and I love to listen to the stars at night. It's like five hundred million little bells tinkling ...

But then something unusual has happened. When I drew the muzzle for the little prince, I forgot to add its little leather strap! He will never be able to fasten it to the sheep. So I keep wondering "What has happened on his planet? It may well be that the sheep has eaten the flower ..."

Sometimes I say to myself: "Surely not! The little prince puts his flower under a glass cloche every night, and keeps a close eye on his sheep..." And then I'm happy. And the laughter from all the stars sounds sweet.

But at other times I think: "You can always be forgetful, sometime or other, and that's all it takes. He forgot the glass cloche one evening, or maybe the sheep got out in the

Ed ora, certo, sono già passati sei anni... Non ho ancora mai raccontato questa storia. Gli amici che mi hanno rivisto sono stati molto contenti di rivedermi vivo. Ero triste, ma a loro dicevo: "È la stanchezza..."

Ora mi sono un po' consolato. Vale a dire... non del tutto in effetti. Ma so che è ritornato sul suo pianeta, perché, all'alba, non ho ritrovato il suo corpo. Non era un corpo così pesante... E di notte mi piace ascoltare le stelle. Sono come cinquecento milioni di sonagli...

Ma ecco che c'è qualcosa di strano. Alla museruola che ho disegnato per il piccolo principe, ho dimenticato di aggiungere la correggia di cuoio! Non avrà mai potuto metterla alla pecora. Allora mi domando: "Cosa è successo sul suo pianeta? Potrebbe certamente essere che la pecora ha mangiato il fiore..."

Altre volte mi dico: "Certamente no! Il piccolo principe mette il suo fiore tutte le notti sotto la sua campana di vetro e sorveglia bene la sua pecora..." Allora sono felice. E tutte le stelle ridono dolcemente.

Altre volte ancora mi dico: "Una volta o l'altra si distrae e questo basta! Ha dimenticato, una sera, la campana di vetro, oppure la pecora è uscita senza far rumore durante la

night without making a sound ..."
And then the little tinkling bells all
change into tears...

Here lies a very great mystery.
For you who also love the little
prince, and for me as well, nothing
in the universe can be the same if
somewhere, we don't know where,
a sheep that we don't know has
eaten a rose ... yes or no?

Look up at the sky. Ask yourself: "Has the sheep eaten the
flower, yes or no?" And you will see
how nothing is the same...

And no grown-up will ever understand how important this is!

notte..." Allora i sonagli si tramuta-
no tutti in lacrime...!

Qui è un gran bel mistero! Per
voi che pure volete bene al piccolo
principe, come per me, niente
nell'universo può essere lo stesso se
da qualche parte, non si sa dove,
una pecora che non conosciamo ha,
sì o no, mangiato una rosa...

Guardate il cielo. Domandatevi:
"la pecora ha mangiato o non ha
mangiato il fiore?" E vedrete che
tutto cambia...

E alcuni grandi non capiranno
mai che questo abbia tanta importanza!

This, for me, is the loveliest and the saddest landscape in the world. It's the same landscape as the one on the page before, but I've drawn it once more so you can see it properly. It's here that the little prince appeared on the Earth, and then disappeared.

Look at this landscape carefully so that you can be sure to recognise it if, one day, you travel to the African desert. And if you happen to pass that way, please don't hurry on, but wait for a little while right under the star! Then, if a child comes up to you, if he is laughing, if he has golden hair, if he doesn't answer when you question him, you'll easily guess who he is. So do me a favour! Don't leave me feeling so sad: write to me soon to let me know he is back...

Questo è, per me, il più bello e il più triste paesaggio del mondo. È lo stesso paesaggio di quello della pagina precedente, ma l'ho disegnato un'altra volta per mostrarvelo bene. È qui che il piccolo principe è apparso sulla Terra e poi è scomparso.

Guardate attentamente questo paesaggio per essere sicuri di riconoscerlo, se un giorno farete un viaggio in Africa, nel deserto. E, se vi capita di passare di là, vi supplico, non vi affrettate, fermatevi un momento proprio sotto le stelle! E se allora un bambino vi viene incontro, se ride, se ha i capelli d'oro, se non risponde quando lo si interroga, voi indovinerete certo chi è. Allora siate gentili! Non lasciatemi così triste: scrivetemi subito che è ritornato...

*Antoine Marie Roger de Saint-Exupéry*

# Postscript – Postfazione

## The Colour of Wheat – Il colore del grano

It is truly an honour for me to be able to write this postscript, as it has been to prepare these new editions of 'The Little Prince', particularly in these bilingual editions. I hope they may facilitate the reading of the author's original text, in his own words, even for those who don't speak French well, so that they can appreciate all of its extraordinary evocative force.

However I had no wish to write a postscript that was too serious and boring because I think, actually, the Little Prince wouldn't like that. So before starting to write I went for a little walk around my planet, in the world of grown-ups and children, and in the one of my daydreams and memories. And I came back with a very short story, or perhaps more an anecdote, that I could tell you about my little asteroid-star, in case, one day, the Little Prince might come to visit me.

A short little story that I will try to tell you, readers, as well, instead of the boring postscript that I ought to write, and which I am sure that not even grown-ups would ever read…

Today, as usual, since I now have to play my part in the grown-up world almost all the time, I should have carried my usual hun-

Per me è davvero un onore poter scrivere questa postfazione, così come poter curare queste nuove edizioni de Il Piccolo Principe, in particolar modo quelle bilingui che mi auguro possano facilitare la lettura del testo originale dell'autore, delle sue stesse parole, anche da parte di chi non conosce bene il francese, per poterne apprezzare tutta la straorinaria forza evocativa.

Non volevo scrivere però una postfazione troppo seria e noiosa perché credo che al Piccolo Principe non piacerebbe affatto. Così prima di scriverla sono andato un po' in giro per il mio pianeta, nel mondo degli uomini e dei bambini e in quello della mia fantasia e dei miei ricordi. E sono tornato, portando con me una brevissima storia, o forse sarebbe meglio dire un aneddoto, da poter raccontare dalla mia piccola stella-asteroide, caso mai un giorno il Piccolo Principe passasse a farmi visita.

Una breve storiella che intanto provo a raccontare anche a voi che leggete, al posto della noiosa postfazione che dovrei scrivere e che di sicuro non leggerebbero nemmeno i grandi…

Oggi, come di consueto, da quando oramai mi tocca far parte del mondo delle persone adulte quasi a tempo pieno, avrei dovuto fare

dred and one tasks, paying attention to the vortex of time and the life that swirls around me.

And instead, I switched off the alarm clock and went back to sleep.

I got up late; and had breakfast looking at the sun.

Then I went out and visited the hairdresser. I had my hair cut very, very short, so I would be better able to feel the caresses of the breeze that comes with the springtime and to hear the stories it tells as it sweeps through the streets and the sky.

Finally I made for the woods, but not to look for mushrooms or even just to go for a walk, but to sow cherry trees.

I did it to remind me of a loved one who used to tell me fairy tales when I was a little boy, and who, above all others, set me on the literary path: my grandmother.

When I was a little boy, walking in the chestnut woods with her, I often happened to see cherry trees, so I asked her, whoever would have planted these cherry trees in the middle of the woods, among the wild plants. The first few times I asked, my grandmother replied that they had been planted by the wind or the birds. But seeing as I kept on asking her again and again, it was clear that I wasn't at all satisfied with her answer, so she decided to make up a story...

My grandmother loved telling stories, almost as much as reciting the poems she had learnt by heart.

The story she made up was really a sequel to Antoine de Saint'Exupery's 'The Little Prince', which we had by then read together several times. It was about a hypothetical return to Earth of the Little Prince,

le solite mille cose più una, per dar retta al vortice del tempo e della vita che turbina attorno a me.

E invece, ho spento la sveglia, e ho ripreso a dormire.

Mi sono alzato tardi; e ho fatto colazione guardando il sole.

Poi sono uscito e sono andato dal parrucchiere, per tagliarmi i capelli corti corti, per meglio sentire le carezze e i racconti del vento che sta riportando la primavera, mentre spazzola le strade e il cielo.

Infine sono andato per i boschi, ma non per cercare funghi o semplicemente per passeggiare, bensì per seminare alberi di ciliegi.

L'ho fatto per ricordare una persona cara che mi raccontava le fiabe quando ero piccolo e che prima ancora di altri mi ha condotto per i sentieri delle parole: mia nonna.

Quando ero bambino e andavo nei boschi di castagni con lei, capitava sovente che vedendo degli alberi di ciliegi, io le chiedessi chi mai avesse piantato quegli alberi di ciliegi in mezzo ai boschi, fra le piante selvatiche. Le prime volte mia nonna mi rispose che le aveva seminate il vento oppure gli uccelli, ma visto che io più volte continuavo a ripetere quella domanda, evidentemente non del tutto soddisfatto della risposta, decise allora di inventare una storia...

A mia nonna piaceva molto raccontare le storie, quasi quanto recitare le poesie a memoria.

La storia che inventò era proprio una possibile continuazione del piccolo principe di Antoine de Saint'Excupery che avevamo letto insieme già diverse volte; e narrava di un ipotetico ritorno sulla terra del Pic-

so he could meet his friend the fox again.

colo Principe per poter reincontrare la sua volpe.

That fox who had allowed himself to be tamed, after telling him how to do it; that fox whom he would remember after he left him and who, every so often, would have felt nostalgia for the moments they had spent together, whenever he happened to see the colour of wheat.

That fox who had wanted to belong to him, as the rose belonged to him, so he could love him and recognise him even among a thousand others.

Her story told of what happened to the Little Prince who had come back to Earth and wandered all over the planet searching for his fox. In order to leave a sign understandable

Quella volpe che si era fatta addomesticare, dopo avergli insegnato come fare; quella volpe che si sarebbe ricordata di lui dopo la sua partenza e che avrebbe provato nostalgia dei momenti trascorsi insieme ogni qualvolta le sarebbe capitato di osservare il colore del grano.

Quella volpe che aveva voluto diventare sua, come sua era diventata la rosa, perché lui la potesse amare e riconoscere anche in mezzo ad altre mille.

La storia narrava le vicende del Piccolo Principe che dopo essere tornato sulla Terra, vagava per tutto il pianeta alla ricerca della sua volpe e che, per lasciare un segno del suo

to the fox that he had passed by, he decided to sow something along the way that would remind to the fox of his rose, in the places where the fox might be looking at the colour of the wheat and thinking of him.

passaggio che la volpe potesse riconoscere, aveva deciso di seminare lungo il suo cammino qualcosa che potesse ricordare alla volpe la sua rosa, nei punti in cui la volpe guardando il colore del grano avrebbe pensato a lui.

That was how he came to think of sowing red poppies in the wheat fields.

However he ended up searching for the fox in the mountains, covered with forests of chestnuts, where no wheat could grow. But how similar to wheat were the chestnut trees, because of the opportunity they offered for harvesting flour but above all for the colour of their autumn leaves. So there, instead of poppies, to remind the fox of his red rose in the middle of the colour of golden wheat, in the middle of these fields of trees, he decided to sow the seeds of trees with red fruit, the cherries.

So that's why you can find them in the woods. The very same trees that I used to ask my grandmother about who had planted them … just as you can find poppies in the wheat fields.

'The little prince came this way', she said.

Fu così che pensò di seminare papaveri rossi nei campi di grano.

Mentre invece quando la volpe gli capitava di cercarla fra le montagne, ricoperte di boschi di castagni, dove il grano non cresceva, ma quanto di più somigliante poteva esserci al grano, sia per la possibilità di ricavarne la farina che soprattutto per il colore delle foglie d'autunno, erano proprio gli alberi di castagni, lì, invece dei papaveri, per ricordare alla volpe la sua rosa rossa in mezzo al colore dorato del grano, fra quei campi fatti di alberi, decise di seminare degli alberi con i frutti rossi, i ciliegi.

Ed è per questo che se ne incontrano nei boschi, anche quegli stessi di cui chiedevo spiegazioni a mia nonna sul chi li avesse piantati... proprio come nei campi di grano si trovano i papaveri.

Di lì era passato il piccolo principe, mi diceva.

And that is why today, when I wanted to think about what to write in the postscript for this edition of the 'Little Prince'; to remember my grandmother and the stories she used to tell me; to revisit her among the stories and memories, and in the very world of grown-ups and children where the Little Prince is still looking for his fox … I went for a walk in the woods and sowed cherry trees along the way.

Così oggi per pensare cosa scrivere nella postfazione di questa edizione de Il Piccolo Principe e per ricordare mia nonna e le storie che mi raccontava e anche un po' per poterla reincontrare fra la fantasia e i ricordi, in quello stesso mondo degli adulti e dei bambini dove da qualche parte il Piccolo Principe sta cercando la sua volpe... sono andato in giro per i boschi di castagni e ho seminato lungo il cammino alberi di ciliegi.

*Wirton Arvel*

**Brief technical note about the translation:** In English as well as in the original French, the term "flower", unlike in Italian, is feminine and referring to it in reality the author could refer to his beloved. While the term "fox", unlike in Italian, is masculine and referring to it in reality the author could refer to his best friend.

*Breve nota tecnica sulla traduzione: In inglese, così come nell'originale francese, il termine "fiore", a differenza dell'italiano, è femminile e si suppone che riferendosi ad esso in realtà l'autore si riferisca alla sua amata. Mentre il termine "volpe", a differenza dell'italiano, è maschile e si suppone che riferendosi ad esso in realtà l'autore si riferisca al suo migliore amico.*

# Thank you

Dear reader, thank you for reading this book/eBook.

If you have met with any problems, misprints or anything else you would like to tell me about, please send an email directly to Kentauron Publishers (kentauron@kentauron.com). You'll receive an updated copy in eBook format.

If you enjoyed it, you can leave a review at the store where you purchased it. Apart from being much appreciated it will be an incentive for new publications.

Happy readings!

# Grazie

*Gentile lettore, grazie per aver letto questo libro/eBook.*

*Se hai riscontrato problemi, refusi o per altre comunicazioni, puoi scrivere un'email direttamente alla redazione di Kentauron (kentauron@kentauron.com). Ti verrà inviata una nuova edizione in formato eBook.*

*Se il libro ti è piaciuto puoi lasciare una recensione sullo store dove lo hai acquistato. Oltre a essere molto gradita, potrà servire da incentivo per nuove pubblicazioni.*

*Buone letture.*

# News and book promotions

To keep you informed about latest upcoming publications and promotions (free eBooks included), join our mailing lists of readers and friends:

http://smarturl.it/eBooksNews

or follow us on Twitter (@KentauronS) and Facebook (www.facebook.com/Kentauron)

# Novità e libri in promozione

*Per essere informato sulle prossime pubblicazioni e sui libri in promozione (eBook gratuiti inclusi), iscriviti alle nostre mailing list di lettori e amici:*

http://smarturl.it/eBooksNews

*oppure seguici su Twitter (@KentauronS) e Facebook (www.facebook.com/Kentauron)*

# More from Kentauron

## Altri libri Kentauron

### Short Stories

*Racconti*

- Jack's Wagers (Le scommesse di Jack) (Wirton Arvel)
- Time House (La casa del tempo) (Wirton Arvel)

### Prose Poems & Poetic Stories

*Poesie Raccontate e Prosa Poetica*

- Wandering among the stars (Vagabondando fra le stelle) (Wirton Arvel)

### Novels

*Romanzi*

- La clessidra vuota (Brunella Pernigotti)

### Fairy Tales

*Fiabe*

- Facciamo finta che… (Brunella Pernigotti)

### Bilingual Parallel Text Editions (English – Italian and other Languages)

*Edizioni bilingui con testo a fronte (Inglese – Italiano e altre lingue)*

- The Wonderful Wizard of Oz - Il Meraviglioso Mago di Oz (L. Frank Baum)
- Alice's Adventures in Wonderland - Le Avventure di Alice nel Paese delle Meraviglie (Lewis Carroll)
- A Christmas Carol - Cantico di Natale (Charles Dickens)
- The Rime of the Ancient Mariner - La Ballata del Vecchio Marinaio (Samuel Taylor Coleridge)
- 101 poems to read in London & New York... - 101 poesie da leggere a Londra e New York...: (Best English Poetry Collection from Shakespeare to early 20th century)

- The Subjection of Women - La servitù delle donne (John Stuart Mill)
- Carmina - Poesie (Gaio Valerio Catullo)
- Cinderella - Cenerentola (Charles Perrault)
- Three Men in a Boat - Tre uomini in barca (Jerome K. Jerome)
- Le Petit Prince – Il Piccolo Principe (Antoine de Saint-Exupéry)
- Jack's Wagers - Le scommesse di Jack (Wirton Arvel)

**Poetry Collections**          *Antologie di poesie*

- Aedi, Bardi e Poeti - Cantori, Trovatori e Vati (Antologia della Poesia: XII-XIV secolo ([con poesie Occitane e Italiane])
- 101 Poems to Read in London & New York.. or Easily from Home… (Antologia della poesia inglese, da Shakespeare ai primi del '900)

| **For an updated list of works and to find out more details of all books published by Kentauron, please visit main online stores (Amazon Store http://smarturl.it/ Kentauron)** | *Visita i principali store online per vedere l'elenco aggiornato e scoprire maggiori dettagli di tutti i libri pubblicati da Kentauron (Store Amazon http://smarturl.it/ Kentauron)* |

http://www.kentauron.com

12135709R00065

Printed in Great Britain
by Amazon